| 目 录 |

书品

2015 年第一辑

（总第 147 辑）

主办单位：中华书局

主　编：周清华
副主编：尹　涛

编辑：《书品》编辑部

责任编辑：梁　彦
装帧设计：周　玉

邮编：100073
地址：北京市丰台区太平桥西里 38 号

编辑部电话：（010）63319942
邮购部电话：（010）63453762
传　　真：（010）63458226

印刷：北京瑞古冠中印刷厂

网址：www.zhbc.com.cn
电子信箱：shupin@zhbc.com.cn

定价：8 元

望之俨然，即之也温
——怀念田余庆先生

徐 俊

在没见过田先生之前，对田先生的了解主要来自几位朋友讲故事般的叙述，有所谓"酷吏"之称，留给我的印象似乎是严肃得可怕。照片中的田先生通常紧收眉头瞪大眼睛，更增加了一般人少有的威严。

后来有机会在不同场合见到田先生，得到的印象完全不同，"望之俨然，即之也温"，也许是人到晚年的缘故吧。

印象最深的两次，一次是朗润园祝总斌先生论文集出版及八十寿庆，一次是中关新园田先生九十寿庆。九十寿庆座谈会上，田先生逐句解读自己十年前的八十自寿诗《举杯歌》：感恩，回眸，虚中，共进。当时给我的感觉，无论是风度还是情志，当世罕有可比，起码在我接触的老辈学人里着实少有。

近年常听到田先生住院或生病的消息，但每次去家里看田先生，却完全没有九十岁人的老态。田先生说自己脑力不够，注意力集中不会超过二十分钟，但言谈间仍反应敏捷，目光逼人。有时候他还会问："你没有急事吧，我们多聊一会儿！"一次，田先生收到一套多卷本的北朝史著作，聊天时特别打断前面的话题，问我你们出版界怎么看这样的大部头书。最后一次见田先生是 2014 年春节前，围坐在沙发边，田先生对着一幅院系调整前老北大历史系教师合影，邓广铭、向达、张政烺……一一讲述其中的人和事。田先生最初在湘雅学医，知道我女儿也学医，大多数时候我已经忘了这之间的关联，但田先生每次都会提起这个话题。告别的时候，田先生必定会喊里屋的师母，出来打招呼送客，这样老派的礼数，让人觉得温暖难忘。

了解田先生，是因为"二十四史"修订的机缘。田先生应书局邀请，担任审定委员。按照最初的计划，每一史的审定，都要有一位断代史权威学者领衔，两汉魏晋南北朝史，田先生当然是不二之选。起始阶段最关键的工作，是各史修订方案的制定，除了原点校本的共性问题外，最要紧的是如何处理和把握各史的特殊性，包括修订底本选择、入校范围、校勘取舍和今人成果等。田先生参与并亲自主持了两《汉书》、《晋书》和南北朝诸史的方案评审。当时，对于《汉书》修订底本的选择有较大争议，主要是我们对宋元以来《汉书》版本缺乏系统试校，对不同版本中宋人校语的多寡差异及形成过程没有准确认识。在田先生的主持下，经过充分讨论，给后来的版本选择，留下了切实可行的调整余地。

2006年4月，在"二十四史"修订专家论证会上，田先生用"有誉无毁"评价点校本，并且说"无毁"不是没有缺点，只要是认真读这部书的人，在研究过程中，都会发现一些问题。田先生还说，关于"二十四史"及点校本的校订，除了见诸专书和专文外，还有很多隐含在学者论著论文之中，要修订者留意，还举了例子，包括他自己读书所得。关于人选，田先生特别强调了既要发挥老学者的作用，也要注意吸收年轻学者参与。他说，"修订工作要给年轻人一些机会，要努力发现那些对这个工作有兴趣、有成绩的人"，打消了我们在人选资历方面的很大顾虑。

第二年5月，第一次修纂工作会议在香山饭店召开，会前经过调研，近一半的史书已经有承担人选，还有大部分没落实。大会结束后，我去大堂送别与会的先生，田先生特地把我叫到一边坐下，说要跟我说一件事。田先生说，"二十四史"点校的时候，我们北大历史系没有参与，当时周一良先生等主要忙于教材编写，南北朝"二史八书"，都由武大、山大承担，对北大来说是个遗憾。点校没参加，希望不要错过修订。当时我正苦于修订主持人的遴选，田先生的一席话，让我既意外又激动。后来，除了《晋书》确定由历史系罗新担任主持人外，田先生还曾就《隋书》的修订，与祝先生和阎步克、叶炜等商量，希望能够由历史系承担。最终因为其他原因没有达成，田先生为此还特地给我电话做了解释。田先生的态度，给了我很大的信心和启发。一部重要史书的整理，其意义不只在其书本身，还在于优势学科的建设和长期的影响，这也是

"二十四史"修订获得学术界积极响应的原因。最终北大历史系承担了《汉书》、《晋书》、《辽史》、《元史》四史修订，给了我们最大的学术支持。

田先生很少参加学术会议，随着年事渐高，参加的更少。2011年6月，《唐长孺文集》出版，书局与武汉大学在京联合召开出版座谈会，我去请田先生参加。田先生说，别的会可以不参加，这个会一定要去。会上田先生即席发言，围绕历史研究，讲了武大与北大的关系，讲了他与周一良先生共同商量的唐先生挽联，讲了1984年到成都参加魏晋南北朝史学会成立大会，回程特意到武汉拜见唐先生，"朝了峨眉，再朝珞珈"。田先生高度评价唐先生的成就，称他接续陈寅恪，竖立了一个新路标。我们把会议发言整理成文，我又做了一些删改，以使文字更加整饬，才请田先生过目。当我拿到田先生改好退回的稿子时，我当时的心情，用"惊叹"二字绝不为过。田先生先用铅笔改过一遍，又用水笔再确认改定，密密匝匝，满纸粲然。田先生的认真我早有所知，但对一篇座谈稿如此用心，给我很大的震动。后来有机会看到田先生《拓跋史探》的修订手稿，可知求精臻善的精神，是始终贯穿在他的学术之中的。

田先生的史学成就，非我所能评述。田先生对学术的态度，值得我们铭记和发扬。我以为，田先生1991年在《秦汉魏晋史探微》前言中最早说到的八个字，最能体现他的学术品格："学有所守"，"宁恨毋悔"。正如他所说，读来浓郁沁心，极堪回味。

《殷虚书契五种》[※]出版说明

中华书局编辑部

　　罗振玉（1866~1940）字叔蕴，又字叔言，号雪堂，又称永丰乡人、仇亭老民，晚号贞松老人，浙江上虞人。自19世纪末、20世纪初安阳刻辞甲骨陆续出土之后，在搜集、保存、传播和研究这批珍贵资料方面，罗振玉无疑居功至伟;其编辑刊印的《殷虚书契前编》、《殷虚书契菁华》、《殷虚书契后编》、《殷虚书契续编》，为甲骨文字的考释和殷商史的研究，提供了重要的文献资料。

　　《殷虚书契前编》是罗氏择其所藏甲骨中尤要者,墨拓精印。《前编》最早有1911年石印本,初拟编为二十卷,前三卷辑入《国学丛刊》第一、二、三册，收录甲骨拓片292片。辛亥革命后罗氏侨居日本,遂中辍。兹录其序言于下：

　　　　宣统庚戌夏，予既考安阳所出龟甲兽骨刻辞为殷商王室之遗
　　　迹，大卜之所掌，窃以为此殷代国史之一斑，其可贵重等于《尚

※　中华书局即出

书》、《春秋》，乃亟为《殷商贞卜文字考》以章显之，并手拓其遗文。顾是时所见甲与骨才数千，巾笥所储才七八百枚耳。好之既笃，不能自已。复遣厂友祝继先、秋良臣大索于洹水之阳。先后所见，乃达二万枚。汰其赝作，得尤异者三千余。于是范君恒斋（兆昌）、家弟子敬（振常）助予拓墨，几案充斥，积尘在襟，残腊岁朝，毡墨不离左右，匝岁始毕。因略加类次，为《殷虚书契前编》二十卷，其先后之次，则首人名，次地名、岁名、数名，又次则文之可读者，字之可识者，而以字之未可释及书体之特殊者殿焉。其说解则别写为后编。噫！予之致力于此盖逾年，由选别而考证，而拓墨，而编次。昕夕孜孜，至忘寝食，侪辈每笑其痴绝，予亦未尝不自哂也。然于斯学，第辟其涂径，至于阐明，未逮十一。斯编既出，所冀当世鸿达，有以启予，此则予所日望者矣。辛亥正月，上虞罗振玉书于京邸之龟堂。

1912 年，罗氏在日本重编《前编》，厘为八卷，1913 年珂罗版影印，著录甲骨 2229 片（据《甲骨年表》统计）。1932 年重印，对初印本作了去重、调序等，并保留初印本裁剪过甚之边缘，以存甲骨原形，收录 2221 片（据《甲骨文合集》组统计）。关于重印本与初印本的不同之处，可参明义士《表校新旧版殷虚书契前编并记所得之新材料》、张秉权《记先师董作宾先生手批殷虚书契前编——附论前编的几种版本》等。此次影印，即以 1932 年重印本为底本。

《殷虚书契前编》或称《殷虚书契》。"殷虚书契"本为罗氏著录、考释甲骨刻辞之总名，《前编序》称："寒夜拥炉，手加毡墨，拟先编墨本，为《殷虚书契》前编，考释为后编。……其未及施墨者，异日当辑为续编，而后编亦将次写定。"故前编封面及内封都只题作"殷虚书契"，其后既成《殷虚书契考释》，单独行世，"后编"后便用为著录甲骨之称，而"殷虚书契"因为前编题签，遂亦沿用为其专称。

1914年，罗氏将其所藏四版最大的大字涂朱牛胛骨（印正反两面，共八版），连同其他60片甲骨，影照精印，编为《殷虚书契菁华》一卷。1915年又遴选所藏甲骨中《前编》未收者1104片，亲自墨拓，编为《殷虚书契后编》二卷，于1916年珂罗版印行。《后编》出版后，罗氏仍一直留心搜求，先后选拓刘鹗、王襄、马衡及北京大学所藏，及估人所售甲骨，编为《殷虚书契续编》六卷，1933年珂罗版印行，收录甲骨2016片。《续编》按祭祀、帝系、农业、征伐、方国、往来、田猎、干支、天象、旬夕、疾病、人名、杂卜、卜旬、卜王等次序编排，极便翻检。

罗氏著录甲骨四书，共收录五千四百余片，占当时已公布近一万五千片的三分之一以上，且精华较多，对近代甲骨学的建立、推动，功勋卓著。郭沫若在1929年写的《中国古代社会研究自序》中说："罗振玉的功劳即在为我们提供了无数的真实的史料。他的殷代甲骨的搜集、保藏、流传、考释，实在是中国近三十年来文化史上所应该大书特书的一项事件。"

罗福颐（1905~1981）是罗振玉第五子，字子期，七十后自号偻翁。先后任职于北京大学文科研究所、文化部文物局、故宫博物院等。《殷虚书契四编》二卷，是罗福颐先生继承其父之志，于1948年编订的又一部甲骨著录专书。因承《前编》《后编》《续编》之称，故名《四编》。《四编》精选其从旅顺罗振玉旧藏带出的碎片、厂肆所购、曾毅公所藏，以及四兄罗福葆手拓者，一遵《增订殷虚书契考释》成例，按贞卜事类分为卜祭、卜告、卜享、卜出入、卜田猎、卜征伐、卜年、卜风雨、杂卜、甲子表十类，依次编排。拓制精善，与前三编后先并美。

《四编》原稿因胡厚宣编纂《甲骨文合集》之故，出让中国社会科学院历史研究所，部分拓片采入《合集》。罗福颐去世后，1981 年张永山、罗琨复遵罗福颐之愿，重新增订《四编》，改原"择其精尤"为"虽龟屑不令遗"的全选原则，将罗福颐所收集的甲骨拓片全部编入，由原 280 余版增至 444 版。《四编》之成，实凝集了三代人的心血，是罗氏一家贯穿 20 世纪共肩此"学术传布之责"的结笔。此次影印所据，即罗福颐、罗福葆、张永山、罗琨墨拓手编原本。

兹将罗振玉所编四种与《四编》合为一编，题作《殷虚书契五种》，以飨读者。《前编》、《菁华》、《后编》、《续编》四书，以中华书局图书馆藏本为影印底本，其中《菁华》部分刻辞模糊的小片复据张政烺旧藏本抽换，张政烺旧藏本由北京大学考古文博学院图书馆提供。《菁华》所收大版牛胛骨，罗振玉深恐损坏，未敢拓墨，仅以照片公之于世，后来罗福颐手拓五版，为大版牛胛骨的第一份拓片，精美珍贵，今承罗琨雅意，置诸卷首。《四编》墨拓增订本，亦由罗琨提供。在此，一并致谢。

2015 年 1 月

中华书局推出"大名人小故事"丛书

中华书局日前出版发行"大名人小故事"丛书（第一辑）。书的主人公都是青少年读者熟知和喜爱的中国古代名人，讲述的内容不是面面俱到的传记，而是撷取名人一生中若干精彩瞬间，借此勾画出名人的精神风貌，展现他们独特的个性和不可重复的创造。故事的来源，大都有史料依据，旨在为读者讲述名人们真实而非戏说的人生。

丛书图文并茂，第一辑共 6 本，分别为《孙子伐楚》、《功过分明汉武帝》、《忧国诗圣杜甫》、《怪才宰相王安石》、《陆游的英雄梦》和《永不言败的成吉思汗》

（霍　烨）

《殷虚书契四编》自序

罗福颐

颐自丁亥季夏，移家燕市。回忆旅沈八年，再值乱离，学业日荒，内省兹惧，拟此后将键户读书，冀守先人之训。乃浮沉逐食，诵习之志，几为物移。今岁季春，偶于厂肆获殷虚甲骨二百余片，传出自某故家，审其文字，皆未著录者，爰节衣食之资以易之。择其精尤，手自毡墨，又益以友人曾君（毅公）所藏八十余片，遵先人之编类，合为一卷，颜之曰《殷虚书契四编》。更书其端曰：

殷契文字之学，为近卌年新学识之一。先人辟草莱为康庄，近世髦彦，益宏斯学。颐不肖，未能绍箕裘之业，今此册所载，聊补前三编之不及。先人恒言，甲骨出土，即近澌灭，今日所见，不思有以流布，将来何述焉！则是前人之所未及见者，颐辈有继志编定之责。故此编一遵成例，分为十类：一曰卜祭，二曰卜告，三曰卜享，四曰卜出入，五曰卜田猎，六曰卜征伐，七曰卜年，八曰卜风雨，九曰杂卜，十曰甲子表。是虽不及前三编之富，然体例略备焉。

至先人考证甲骨，博稽经史，启千古之扃鐍，导后世以指归。近世学者之研究，能以新知益旧闻者，尚不多遘。惟昔先人之述卜法曰：卜以龟，亦以兽骨。龟用腹甲，而弃其背甲（见《殷虚书契考释》卷下）。今案近人在殷虚所发掘，有大龟腹甲十，颇完具，一见知是腹甲，可为前言之佐证。又有背甲四，皆中破存半，作半规形，表里皆刻卜辞（见**中央研究院刊**《殷虚文字甲编》），则是龟甲腹背皆用。昔年仅见残片，未能辨别，且腹甲整用，背甲则中破而用之，是则可益旧闻者也。今证以此编所载，如第十八、第廿、第卅九、第五十诸片，均是背甲残片。往年前三编所载，背甲残片亦不尠，惜当时未得征之耳。是其微末，足益旧闻。至此编中关于殷世系、历史、卜辞、文字，均有待于专家之取征。是虽戋戋，或益前此之不足。计合前三编所有甲骨，去其重出，凡得五千六百二十余片，传世甲骨之著录，已得其半矣。

（上接第85页）

一己的得失荣辱。这是狂士祢衡的大局限大悲剧，也是封建时代许多士人的大局限大悲剧。他们满口高调，天花乱坠，而行动起来却远非巨人。从这个意义来说，赋中那只能言的鹦鹉，也正是祢衡本人的写照。"这些话非常准确而生动地揭示了祢衡的性格特征及其人生悲剧的根由。高深的道理并不一定要用艰深的语言来表达，完全可以像作者这样说得深入浅出，自然好懂。尤其是魏晋间人本来就追求自由和放松，谈论这一段的人与文，也就不能头巾气十足。

（《从孔融到陶渊明——汉末三国两晋文学史论衡》，顾农著，凤凰出版社2013年4月，128元）

《殷虚书契四编》后记

罗 琨

　　《四编》完稿于 1948 年，1965 年原书稿归中国社科院历史所，为编辑《甲骨文合集》提供了部分拓本，可见《甲骨文合集材料来源表》"选定号"一栏。这里是 1981 年的重编增订本。

　　原稿归历史所的经过，父亲在 1967~1968 年间的一份外调材料中，曾有过记述，说：

　　　　在历史所到故宫拓甲骨的那一年，我遇见胡厚宣，他同我说听说我编了《殷虚书契四编》，他要借看，我告以这大半已归北大，其中有一部分是容庚的，今在广州博物馆了，大多数是你们看过的拓本。他说还是要借用一下，后来我借与他了，隔了不到两个月，他送三四十元来，说《四编》历史所已留了，要我写一收据与他。

历史所《甲骨文合集》是 1959 年 3 月立项、进行筹备工作，1960 年因国家机关干部下放锻炼以及机关精简、分流干部，工作一度中断，1961 年重新组建"合集组"，全面展开著录书校重和调查、选拓甲骨的工作，期间虽有中断，但在 1965 年曾集中进行收集资料工作，去故宫拓甲骨是在这一年的七八月。当时我因去农村四清，没有参加《合集》工作，但《四编》归历史所的经过不止一次地听母亲讲过，还说到胡厚宣先生对甲骨资料收集的执着是为当时学术圈内所共知的，所以对此并不很感意外，只是出借前注意了留下一套拓片。

父亲这一段记述的意义，在于提及这批甲骨的现藏地，传世甲骨由于失去了地层关系和共存遗迹遗物，极大影响了资料的完整性，因而其来源和流向的记录成为可稍事弥补的线索。对此，父亲在同一份材料中曾有比较细致的记述，从而可知《四编》著录的甲骨，除《序》等所述包括了容庚和曾毅公先生的收藏外，还有自己的收藏，可考的主要有两个来源，即旅顺罗氏旧藏中的碎片和在京购买的不足二百片。关于前者，父亲写道：

> （是）我从旅顺出来时带出来的，当时因甲骨甚多，有些手指顶大的上面虽有字，而字句断续难读，有的虽是中片，那上面只是甲子表，断续不成文的，以至只有一二个字的，这类不少，在当时都认为这是下脚货，没有拓的资格，就用报纸包起来，放在书架底下抽斗内。我出旅顺的那一年，我因为它毕竟是甲骨，随便带出一包，小的碎的多，大约二百来片的样子，这是我手边旧有甲骨的来源。

父亲离开大家庭是在 1938 年 4 月，迁居沈阳，供职沈阳博物馆（今辽宁省博物馆）。1947 年夏，举家迁徙北京，经唐兰先生介绍入北京大学文科研究所。罗氏旧藏的这批甲骨，虽不曾著录，但从《四编》著录总片数看，多数不曾入选。选编的主要是在京收集的一批甲骨。

即父亲所说：

> 1947年冬间，我买到一小票甲骨，去了它假的一部分，不足
> 二百片，我又在其中合并了两片。有一天我遇见了曾毅公，我告
> 以这事，他在第二天就来我家看……当时我正在手拓墨本，记得
> 当时他向我要拓本，我告以自己只拓两份，你如要墨本，我可将
> 原物借给你拓去，当时他也欣然接受……

从而可知,这一批甲骨收入《四编》者均为父亲手拓。今见收入《四编》
的拓本中，还有一些加盖"君羽手拓"印文，是我的四伯父手拓，《四
编》的编辑是在1948年，四伯父是1949年迁居北京的,因此这些有"手
拓"印文的拓本另有来源。从内容看多数今藏广州博物馆，如加盖印文
的本编第039片，见于《甲骨文合集》22847,《来源表》记:"著拓号（首
次著录）:《甲骨续存》[1]1492；选定号（《合集》选用）:颂拓122；原
骨拓藏:广东博物馆。"又,同样有"手拓"印文的第016、017、018、
040片，均曾著录于《甲骨续存》,《合集》选用亦为"颂拓",即容庚
颂斋所藏甲骨拓本，《合集》所用的这批资料是上世纪70年代晚期，容
庚先生捐赠历史所甲骨组的,从而可知收入《四编》加盖"君羽手拓"
印文的拓片多属于容庚先生的收藏。此外，加盖"手拓"印文的还有一
些原骨今藏湖南博物馆，如本编第004、014片等，据《甲骨文合集材
料来源表》，在《合集》问世以前，这两片甲骨都不曾著录过。

　　《四编》拓本原骨还有一些藏于国家图书馆，如《合集》35539,《来
源表》记"著拓号:《京津》[2]5012；选定号:《四编》13；重见:《北图》

① 胡厚宣《甲骨续存》，群联出版社，1955年。
② 胡厚宣《战后京津新获甲骨集》，群联出版社，1954年。

2708；原骨拓藏：北图"，《四编》原稿的第 13 片即本编第 029 片。国图所藏甲骨包含曾毅公旧藏，所以这应与《序》中所说《四编》著录的甲骨资料包含"友人曾君毅公所藏"有关。

关于自己收藏的甲骨去向，主要归了北大和历史所，其经过父亲接着写道：

> 后来，唐兰也知道了，也看见我拓的拓本，他说你还要这个做什么，北大现在收买，我代你介绍北大吧。后来我就选留约廿片，其余的又加上手边旧有的小块甲骨，共凑了二百几十片，一并转让北大了。

本编第 024 片，《合集》首次著录，编为 1343 片，原骨今藏北大，当即这批甲骨之一，甲骨归北大的时间大约在 1949 年前后，当时家庭经济压力较大，正是需要卖书买米、卖书买奶粉的时候。归历史所的时间要晚一些，父亲说：

> 1961 年前后，历史所向琉璃厂要收集甲骨，琉璃厂的傅大卣就向我要，我说我没有，解放前的一点也送人了，仅存几片标本，傅还是动员我出售，后来我据仅有的十二片，又加些旧有碎小的共二三十片，售予傅了，听说后来全归历史所。

《甲骨文合集材料来源表》"原骨拓藏"栏中所注的"所罗"，当即这一批。如本编第 003、083 片，分别见于《合集》14750、440，亦为首次著录，《来源表》记著拓号皆为历拓，原骨拓藏皆为"所罗"。

以上记述甲骨去向的两段文字，所言手边留下的甲骨数量不同，是因为中间还有一次赠与，约在 50 年代：

> 有一天徐宗元与我谈起，看我还有点甲骨，他极其羡慕，当时我说要再找怕不容易了，就从自己上次留存的廿片中选了几片，又加上手边旧有的小块，大小共约一百片左右（包括碎片），全送与徐宗元了。

我的父亲不喜交际，徐宗元先生是少数的挚友之一，1975 年夏父亲在《尊六室甲骨文字书后》写下：该书为徐先生所藏甲骨拓本"凡得二百六十四片"，包括父亲赠与甲骨的拓片和先生自己后来的收集。更记："君曩在中央民族学院任职，英年劬学为侪辈之冠，颐于一九四八年方识君，一见如故，遂定金石交，时相过从，君不幸于一九六八年以疾就医，突然物故……此甲骨拓本，过去君将为考释，故其编次，亦出手订，属草未竟，赍志没世，痛何如之。"1975 年徐先生家属以《尊六室甲骨文字》求教，父亲遂写下《书后》并复印留存。《甲骨文合集材料来源表》"原骨拓藏"栏中见有"所徐"，如本编第 007、038、041 片，均不见传世甲骨著录书，《合集》分别收入，著录号为 22634、35600、6610，记原骨拓藏："所徐"，可知先生所藏甲骨后来悉归历史所。

　　父亲晚年在承担故宫研究工作之余，加紧对自己主要成果的整理，由于《四编》已经出让，更兼时间和精力原因，就没再考虑整理，而将"文化大革命"后，从故宫博物院退还的书籍文稿中检出的相关资料交给了我，包括遗留少量揭剩拓片的初稿本，以及一包拓片。但是我能理解父亲的心情——尤其是读了《四编序》和《尊六室甲骨文字书后》，我知道虽然以自己的心血融入一个大成果为安慰，却不能没有些许的遗憾。

　　1981 年父亲体力日差，使人暗暗忧心，张永山和我商量，重编《四编》是我们可以做的事，在编辑《甲骨文合集》的过程中，限于当时条件，为了保证印刷质量，出让历史所原稿的拓片被揭取了一些，原《四编》已经成了残稿，我们手中的资料也不知是否齐全，复原是不可能的，但编辑思想也可以在原来基础上做些变更，即将《序》所谓"择其精尤"者编入《四编》，改为将《殷虚书契续编》面世后，父亲收集到的甲骨拓片"全选"编入《四编》。

因为早在记录 1911 年寻访甲骨的《洹洛访古游记》中，叔祖已记述过祖父关于甲骨碎片"其关系考古，则大小同等，初无二致"，"虽龟屑不令遗"的观点，只是由于昂贵的印刷成本，成书想要精印，必须精选。1911 年初，祖父从三万片甲骨中，精选三千，和叔祖等人"寒夜拥炉，手加毡墨"，编成《殷虚书契前编》二十卷，只印了三卷，收于《国学丛刊》。1913 年用珂罗版精印的《殷虚书契》只有八卷，两千二百二十九片，压缩了近三分之一；《殷虚书契后编》原编六卷，1916 年印行时，也被迫减为两卷，至少压缩了一半。精选的成果，尚难以全貌面世，何况是碎片。然而在编辑《甲骨文合集》工作中，《殷虚文字丙编》选片的上版是我承担的，曾比较仔细阅读过《殷虚文字乙编》的缀合成果——《丙编》，深感小片、碎片甲骨拓本尽量全选著录，是很有意义的，况且近世印刷业的迅猛发展，可以使这种"有意义"成为"有可能"。

我们的这一想法和父亲谈过，并获得同意，因此这一本《四编》收录的还包括了原《四编》选余的和《四编》编成后收集的甲骨拓片（不包括父亲曾经收藏却未制作拓片的甲骨，因实物早已散佚），收录的拓片由 280 余版，增至 444 版，仍按原例编排，以遵从《序》中所言，并稍稍弥补父亲的遗憾。

然而，有些是难以弥补的，如《序》中有"如第十八、第二十、第三十九、第五十诸片，均是背甲残片"，由于重排次序已打乱，本编中的上述片号的原片已难查询，而不见实物，仅凭碎片拓本，确认龟背甲有一定难度，所以本编中的龟背甲未能指明。

在重做本编的过程中，我深得教益，《四编》从内容看确如《序》中所说，是从数百片甲骨中"择其精尤"者编辑而成，有不少重要的、当时尚未著录过的甲骨资料，而且所收甲骨基本都是父亲和伯父手拓，传拓曾为家族的一项基本功，如《菁华》大版最早因怕损坏，不敢拓墨，曾以照片公之于世，后来是我的父亲做了第一份拓片；本编有"君羽手拓"印文的第 004 片，编入《合集》1187，选定号为历拓 11209，对比两张拓片，差距清晰可见。总之，《四编》拓片大都制作很精，所以无论内容还是形式，均可与《前》、《后》、《续》等编媲美，无愧于《四编》之称。

但是，1948 年的《序》由于写作得早，对甲骨著录数字的统计似不够准确，文末提到《殷虚书契》的前、后、续、四编著录甲骨"凡得五千六百二十余片，传世甲骨之著录，已得其半矣"，当时学界确有类似说法，应与当时出版信息滞后有关。据刘一曼等编著的《甲骨文书籍提要》(1988 年)，自 1903 至 1948 年间，有 35 部主要著录甲骨的书，著录了传世甲骨两万五千三百余片。虽然这 46 年间，中后期面世的诸书不乏重复著录的甲骨文资料，但是这一阶段除了国内所藏甲骨的早期著录外，还有《殷虚卜辞》、《龟甲兽骨文字》、《殷契遗珠》、《安阳遗宝》等 8 部书，集中收了流散国外的七千七百余片甲骨，重见较少。其余虽然有的重见较多，但传世甲骨的著录应远超过万片，所以现在看，五千余片得传世甲骨著录"之半"的统计应不够确切。

2014 年 9 月 30 日

一套普及宁波传统文化的好教材
——评《宁波文化丛书（第一辑）》

傅璇琮

　　几年前，当我主编的《宁波通史》出版的时候，我曾提议《宁波通史》可以作为宁波本地传统文化的教材，同时与宁波的现实结合起来，促进经济、社会、文化的发展。昨日收到宁波出版社出版的《宁波文化丛书（第一辑）》，翻阅之后，深感宁波出版社在时隔五年之后，又为社会奉献了一套较高质量的文化读本，使本土传统文化的教材更加丰富，更成体系。

　　文化的普及应有不同的层次。作为一套多卷本的地区性通史，《宁波通史》纵向上沟通史前至民国的7000年历史，横向上沟通海洋文化、商贸文化和浙东学术等地域特色，且多学术创见。要阅读这样一套学术著作，是需要一定的专业训练和知识储备的，它面向的是文史研究者，至少是爱好者。眼前这套《宁波文化丛书》，无论是丛书整体的架构还是单本的体例，抑或行文的风格和装帧设计，其用心都是面向广泛读者，为年轻一代的宁波人和有兴趣了解宁波的外地人，提供一条快速认识宁波发展历史和文化特色的入门途径。正如丛书主编何伟先生（宁波日报报业集团党委书记）在总序中所言，宁波并不缺少文化，本丛书的出版，是为"唤醒城市记忆的味道和画面，保护并标出宁波的文化风景线，绘制文化地图延续文脉"，"为大众提供一张文化寻根的导游图"。

从文化普及的角度，我认为这套丛书具有以下三个特点。

第一，从整体架构上，丛书将宁波文化化整为零，便于读者自由选择。宁波作为国家级历史文化名城，拥有7000多年的悠久历史，勤劳聪明的宁波人民从物质到精神，留下了极为丰富的宝贵遗产。宁波的文化地域特色明显，内容丰富，有不少在浙东甚至全国都有深远影响。河姆渡遗址的发现和挖掘，表明宁波是江南区域文化较早发源的地区之一，以上林湖越窑青瓷为代表的手工业生产，以它山堰为代表的水利工程，以保国寺为代表的古建筑技术，以天童寺、阿育王寺、雪窦寺为代表的佛教文化，以天一阁为代表的藏书文化，以黄宗羲为宗师的浙东学派，以镇海口为代表的海防遗迹等，都生动地展示了宁波地域文化的亮点。这么丰富的内容，如何通过图书有效地传递给一般读者，是需要认真考量的问题。宁波的文化工作者习惯将宁波文化归纳为史前文化、藏书文化、商帮文化、建筑文化等形态，《宁波文化丛书（第一辑）》的编纂无疑采纳了这一观点，化整为零，为每一种文化形态写了一本书。丛书全套八种，囊括史前文化、浙东学术文化、海上丝绸之路文化、藏书文化、商帮文化、建筑文化、佛教文化和城市发展史，比较立体地呈现了宁波文化的内涵和特色。而这种化整为零的方式，也为读者的阅读选择提供了空间。读者既可以选择自己感兴趣的主题，也可以由一及二，由二及三，最终由点成面，完成对宁波文化的整体认知。

第二，追求学术性、趣味性和通俗性的统一。文化普及需要讲求趣味性、通俗性，所谓"言之无文，行之不远"。但文化普及又不同于文学创作，需要尊重历史，追求真实，不能为了趣味而无中生有，甚至颠倒黑白。从丛书各册的作者简介可知，每一位作者都是地方文史方面的专家，如藏书文化的虞浩旭、浙东学术的方同义、史前文明的黄渭金、建筑文化的黄定福等诸先生，都在相应的专业领域浸淫多年。从各册的内容来看，作者们从自己的研究出发，以认真严肃的创作态度，将自己的工作奉献给读者。同时，他们并不满足于简单地呈现文化现象和成就，而是融入了自己的情感和思考。如《千年文脉》中作者对先贤的深切敬仰，《羽人竞渡》中作者对宁波灿烂历史的热烈赞美，《商行四海》中作者对宁波商帮文化的冷静思考，等等，都让读者感受到文化的可亲可近，拉近了现实与历史的距离。

从作者简介中，我还发现了本套丛书另一个有趣的特点：好几位作者都出入于两个专业领域，并都有所成就。比如《东南佛国》的作者徐剑飞女士，我曾为她的《鄞州佛教文化》作序，知道她除了研究佛教文化，还进行文学创作，她的文笔机智，风趣幽默，有极强的可读性，《东南佛国》一书依然保持了这种风格。又如《丝路听潮》的作者谢安良先生是一位媒体人，常年关注地域文化，本书也是他热情投入地方文化研究的结晶，而记者的专业训练使他的作品视角独特、叙述生动。再如《商行四海》的作者王耀成先生，本身就是一位有成就的报告文学家，他以文学之笔记录宁波帮发展历史，思考宁波帮文化价值，读来别有一番风景。由此，我感受到《宁波文化丛书（第一辑）》对文化普及的良苦用心，既追求学术的客观性，亦兼顾阅读的趣味性和通俗性，以学术打底，以文字敷彩，为读者呈现了一副宁波文化的绚烂图画。

第三，以精美的装帧和别致的图文编排，增强图书的外在吸引力。文物、古迹、遗址等是有形的文化，是历史的一种证据，将它们以图片的形式收入书中，可以起到与文字互相说明，甚至弥补文字之不足的作用。丛书每一册图片数量几占三分之一篇幅，各种实物图片、书画、碑帖、人像、书影等精彩纷呈，大大丰富了图书的内容。尤其是建筑文化一书，那些精美的雕刻、美妙的造型、宏伟的构造，如果没有图片的生动呈现，文字必定黯然失色。现代化的出版技术为完美地呈现这些图片提供了条件，而编辑和设计者别具匠心的编排设计亦为图书增色不少。

习总书记在任浙江省委书记时，于 2006 年撰写《浙江文化研究工程成果文库》总序中特别指出，可以通过实施浙江文化研究工程，用浙江历史教育浙江人民，用浙江文化熏陶浙江人民。这确使我们深受启示。让历史文化融入现代文明，对地域文化古今的历史、文化、经济、社会生活等不同角度和层面，加以重点阐述和展示。这就更如习近平同志在此篇总序中所说，文化的力量最终可以转化为物质的力量，文化的软实力最终可以转化为经济的硬实力。这确启示我们对《宁波文化丛书》历史价值和现实意义的认识。

以上是我翻阅《宁波文化丛书（第一辑)》之后的几点感受。作为一个离乡多年的宁波人，我为家乡文化工作的发展而欣喜，对家乡文化工作者的努力表达敬意，同时也期盼着"宁波文化丛书"第二辑、第三辑，乃至更多有助于地方文化普及的成果面世。

（《宁波文化丛书》第一辑，包括《东方曙光》、《千年文脉》、《羽人竞渡》、《商行四海》、《东南佛国》、《丝路听潮》、《奇构妙筑》、《甬藏书香》八种，宁波出版社2014 年 11 月）

"道教典籍选刊"之《真诰》与《登真隐诀辑校》①

周作明

传世道经有经和诀的差别。经多假托天降神授，多述教理教义，内容宏观而玄奥；诀则可由道徒纂著，多叙登真证仙的途径，内容相对具体易懂。经、诀相辅相成，齐梁上清派宗师陶弘景纂修的《真诰》与《登真隐诀》，即为早期道经中互为表里的双璧，正如贾嵩《华阳陶隐居内传》序所言："（陶弘景）著《隐诀》以析纲目，述《真诰》以旌降授。"（5/499b-c②）然而在流传中，《真诰》先由七篇变为十卷，后又衍为《道藏》中的二十卷，内容总体完整，但文本讹误众多，相当长时间内，一直缺乏有效整理③。《登真隐诀》原也为七篇，在唐宋流行很广，衍为二十四（五）卷，但入元则极罕见，以致今《道藏》中仅存寥寥三卷，只相当于原帙的八分之一，其绝大部分内容遂"隐而诀"矣，不能不说是道教文化研究的一大缺憾。

---

① 本文获国家社科基金 "《无上秘要》词汇研究"（10XYY013）及古委会项目 "无上秘要校理"（1221）资助。
② 按，本文引用道经除少数据整理本外，其他的均据文物出版社、上海书店出版社、天津古籍出版社 1986～1998年影印本《道藏》，共 36 册，页分上、中、下栏。"5/499b-c"指第 5 册第 499 页中栏至下栏。下文同。
③ 迄上世纪 90 年代，日本京都大学吉川忠夫、麦谷邦夫等开始整理此书，该成果已由朱越利先生以《〈真诰〉校注》（中国社会科学出版社，2006 年）为题译介入国。文中简称 "日校"。

一 "道教典籍选刊"对两书的整理

道教典籍整理近年来开始受到重视，中华书局大型古籍整理丛书"道教典籍选刊"表现尤为有力。其新近推出的上述两书的整理本（作者分别为赵益、王家葵），无疑是学界校理早期道经的最新成果。《真诰》的整理，乃以《正统道藏》本为底本，以明俞安期万历三十二年重校本及"日校"本为参照本，参考《无上秘要》、《云笈七签》等道教类书，订正文本讹误250余处，从而使该书离其最初原貌又近了一大步。而《登真隐诀》现仅残存三卷，原有篇幅大多亡佚，辑校者汇综佚文174条，纂集疑似道经9种，使其篇幅较原有三卷扩大了约2.5倍；在此基础上，出校记1050余处，订正文本讹误，疏解疑难用语，为进一步研究《登真隐诀》提供了尽可能全面可靠的资料。

综观二书的整理，由于文献特点不同，其所用方法各有侧重，但二者在以下几方面所作出的成功努力，可资整理其他道经借鉴。

（一）充分参照同期道经。

传承下来的道经，主要依靠明正统《道藏》得以保存，清以后的《四库全书》、《学津讨源》、《道藏辑要》等丛书所收道经，也主要源于《道藏》。这使今天在整理道经时，除了《真诰》等极少数经书外，大多缺乏别本参照。因此，要对其作出有效整理，必须想法占有尽可能多的他校材料。在早期的几次造经运动中，部分经文出现了多种形式的重新编写，一些早期文献的内容，被部分或全部、单独或整体地抄入了稍后的其他文献中，形成新的道经。不同道经间辗转传抄、新旧混淆所致的大量文本上的异同，反过来能为整理经书提供难得的材料和依据。《真诰》尽管有两种版本存世，但今《道藏》二十卷本源于宋本，而俞安期十卷本则出自元代，两者离《真诰》成书都有较长距离，本身均或有讹误；而后世道书征引该书的文句也很有限。然《真诰》乃陶氏搜访辑佚而成，或纂辑时所出原经流传至今，或在《真诰》流传中，不少段落被同期道经征引，这些都为整理其书创造了良好条件。《登真隐诀》的成书与之相类，乃陶弘景在"立功"、"经传条例"等品目下，抄引道经部分内容为正文，然后或旁引同期道经，或用自己的话对之作注释而成。学界对两书的校理，旁参同期道经多达 40 余种，使其成为校订其文本讹误的重要甚至主要依据，这对早期道经整理无疑有借鉴作用。

（二）尽可能使用方便检索的文本语料。

早期道经衍生中辗转传抄所致的大量异文为整理道书提供了可供比较或选择的材料。但遗憾的是，道教典籍保存混杂，相当长时间以来，缺乏方便检索的电子语料，加大了整理中参照同期或后时道书的困难。方广锠先生在《宗教古籍的整理与保护迫在眉睫》[①]一文中即表示，要"将宗教古籍的整理提升到新的层次"，即需"充分利用电子化手段"。但在语料的电子化处理上，道经被佛经远远抛在了后面，这无疑成为道经整理及道教研究相对滞后的一大原因。近年来，随着《中华道藏》的编纂和一些道教人士（如洪伯坚道长）的努力，大批文本语料得以公诸学界。两书的整理者即充分利用这一条件，迅捷、全面地占有资料，并据之校理文本。正如方先生所指出，在文化建设的新时代，我们要拿出更多的古籍整理精品，既需沉潜笃实、精益求精，也要与时俱进，借助先进有效的工具。两书整理成果的取得，或即有赖于两者的有机结合。

---

① 《中国宗教》2010 年第 11 期，第 37～44 页。

（三）将古籍整理与古籍研究紧密结合。

古籍整理中，整理与研究往往相辅相成；材料的整理有助于研究的深入，而研究所得又反过来能指导整理。两书的前言，对经书的产生、流传及内容与影响都作了探微索隐的考察，无疑是研究两经的重要学术成果。例如，《登真隐诀》原为七篇，但由于亡佚甚多，各篇内容侧重究竟如何，不得而知。作者搜集到 174 条佚文，根据其中的"《登真隐诀》立功品、《登真隐诀》经传条例、第一篇、第二篇"等文字以及《真诰》的数条记述（如"此法已重抄在第三篇修事中"），考察了原经七篇的内容侧重，并据之安置这些佚文，无疑是古籍整理中研究与整理相辅相成、相互促进的示范。又如，在"疑似道经"部分，共收入九篇文献。在每篇下，就收入理由作详细说明，同时也实事求是地指出其可疑之处，无不显示作者谨严的治学态度。

二　试就两书浅议道教古籍整理

魏晋南北朝传世的众多经书，由于距入藏时间相对较远，在流传中，鲁鱼亥豕，讹误甚多。要把此时期的重要典籍整理好，首先当以陶弘景、陆修静、寇谦之等经师的著作或以《无上秘要》等重要道教类书为突破口。通过对代表性经书的成功整理，总结出成熟而行之有效的道经整理方法及门径，从而为其他经书的整理创造条件。下面结合《真诰》和《登真隐诀》的校理，就道经整理略述愚见。

（一）建立分类合理、方便可靠的电子语料库，尽最大可能参照同期道经。

道经在流传中辗转传抄，互相征引，尤其是一些祝辞或述养生的段落，往往在同期经书中反复出现，文字互有差异。试举一例。

《真诰》卷十有"朱鸟凌天"祝辞①，乃外行所用"遏邪咒"。该段又见于陶氏《登真隐诀》卷中（6/613a）②、陶氏《上清握中诀》卷中（2/904c-905a）③、《上清三真旨要玉诀》（6/627c）、《洞真西王母宝神起居经》（33/463a）、《上清太极真人撰所施行秘要经》（33/795a）等同期文献，文字多有不同（不同的文字后用 [] 标出，并指明其位置）。

　　朱鸟凌 [陵 33/463a] 天，神威内张。山源四镇 [填 33/463a]，鬼井 [精 2/904c] 逃亡。神池吐气，邪根 [源 33/795a] 伏藏。魂台四明，琼房零琅 [玲琅 6/613a、33/463a、33/795a]。玉真巍峨，坐 [在 33/463a] 镇明堂。手晖 [挥 6/613a、33/795a] 紫霞，头建 [戴 33/795a] 神 [晨 2/904c、6/613a、33/463a、33/795a] 光。执咏洞经，三十九章。中有辟邪龙虎，截岳 [兵 33/463a] 斩堙 [岗 2/904c；冈 6/613a；堈 6/627c、33/463a；刚 33/795a]。猛兽 [狩 6/627c、33/463a] 奔牛，衔刀吞镶 [鎗 6/627c]。揭山攫 [镢 2/904c、6/613a、33/795a；玃 33/463a] 天，神雀毒龙。六领 [头 6/627c] 吐火，唉鬼之王。电猪 [精 33/795a] 雷父，掣星流横。枭磕驳灼 [骏灼 33/463a]，逆风横行。天擒 [天兽 6/613a；天禽 6/627c、33/795a；大禽 33/463a] 罗陈 [阵 6/627c；察 33/463a]，皆在我傍。吐火万丈，以除不祥。群精 [真 33/795a] 启道，封落山乡。千神百灵，并首叩颡 [稽颡 6/613a]。泽尉捧灯 [炉 6/613a、6/627c、33/795a]，为我烧香。所在所经，万神奉迎。

---

① 陶弘景撰，赵益点校《真诰》，中华书局，2011年，第174页。下简称"赵校"。
② 陶弘景撰，王家葵辑校《登真隐诀辑校》，中华书局，2011年，第37～38页。下简称《辑校》。
③ 《辑校》，第281页。

相互间的文字差异,可据以互校。如"手晖紫霞"之"晖"应作"挥";由于前为"紫霞",后面的"神光"也应以"晨光"为妥;"天擒"应作"天禽";"零琅"应作"玲琅"。"坐"与"在"、"猪"与"精"、"驳"与"骏"乃字形相讹而成;"凌"与"陵"、"兽"与"狩"、"井"与"精"都是同音相借,可据之互校。"镶"与"鎗","攫"、"镢"及"玃","堁"、"岗"、"冈"、"埚"及"刚","陈"与"阵"乃由字形、字音、字义均相通相近而产生的异文;"镇"与"填"、"根"与"源"、"建"与"戴"、"领"与"头"、"禽"与"兽"、"陈"与"察"、"精"与"真"、"叩"与"稽"、"灯"与"炉"都为意义相近而致的异文,是研究词义及词汇的重要材料,如"建"与"戴"在道经中常代替,表明"建"有"戴"义①。

由上例可窥见道经整理繁重程度之一斑。我们在整理时,不必要、也不可能对所有的文字差异均作说明,但面对经书中很多理解上的困难,若能占有尽可能多的旁证材料,无疑有助于恢复其文本原貌。然而,历史上传承下来的道经,卷帙浩繁,保存混杂,完全靠人力翻检,是绝难适应今天古籍整理需要的。在信息化的今天,要更快、更好地开展道教文化研究,将相关道经数字化,建成分类合理、可靠便利的电子语料库,已是势在必行。学界对两书的整理,若能更充分借助文本语料库,旁参同期道经,或能纠正更多讹误。先就《真诰》试举五例。

1. 卷二:"气随尘波,心不真合,适足劳身神于林岨,实有误于来学也。"(赵校 31 页 / 日校 59 页)

句中"岨"字模糊,陶弘景注"谓应作岨字"。其实,该句还见于《上清三真旨要玉诀》(6/629c)以及《洞真西王母宝神起居经》(33/465a),其中"岨"均作"岫"。"林岫"在六朝文献中多见,如南朝宋刘义庆《世

① 详参冯利华《中古道书语言研究》,巴蜀书社,2011 年,第 22～26 页;雷汉卿、周作明《真诰词语补释》,《宗教研究》2010 年第 3 期,第 6～9 页。

说新语·言语》："诸道人问在道所经。一公曰：'风霜固所不论，乃先集其惨淡；郊邑正自飘瞥，林岫便已皓然。'""林岫"在经书中指道徒幽隐修道之所，当是。原经及陶注作"㘴"、"岨"或为后世传写之误，或即陶氏判断有误。

2. 卷六："灾构祸生，形坏气亡，起何等事耶！似由多言，而不守一，多端而期苟免耳。是以玄巢颓枝以坠落，百胜丧于一败矣。"（赵校 104 页 / 日校 214 页）

句中"玄巢"于《上清众真教戒德行经》卷上 (6/897a) 作"悬巢"，可校。

3. 卷九："但惜初学者，皆言专心尽勤至，而后渐懈纵，有亦似车之将故，而百节缓落；又似负重之牛，造远足塞。夫学者之所患而为得者之所笑，皆如此辈事耳。"（赵校 141 页 / 日校 267 页）

上段见于《太上飞步五星经》(11/374c-375a) 及《太上五星七元空常诀》(18/723c)，其中，"专心尽勤至"均作"专尽勤至"，"心"字或当衍；"车之已故"才可能"百节缓落"，故"将故"可疑，此处于《太上五星七元空常诀》作"车之将败"，"败"当是，当据校；"夫学者之所患而为得者之所笑"句意也不通，《太上五星七元空常诀》实作"末学者之所患而为得者之所笑"。"得者"指得道者，"末学"指"未得到或道阶最低的道徒"，意义正好相对，"夫"乃"末"的形讹字。"末学"习见于道经，如：

《真诰》卷六："又顷者末学，互相扰竞，多用混成及黄书赤界之法。"（赵校 97 页 / 日校 196 页）

东晋《灵宝无量度人上品妙经》："夫末学道浅，或仙品未通充，运应灭度，身经太阴。"(1/6a)

南朝《洞真太上八素真经精耀三景妙诀》："粗浅末学，以伪称真，

强小行大，不识塞通，乱不知避，妄欲立功。"（33/468a）

4. 卷九："而微祝曰：太上高精，三帝丹灵。绛宫明彻，吉感告情。三元柔魂，天皇授经。所向谐合，飞仙上清。"（赵校 156 页 / 日校 294 页）

该句见于东晋《洞真高上玉帝大洞雌一玉检五老宝经》（33/390c），其中"三元柔魂"作"三元守魂"，"守魂"与"授经"相对成文，当是。

5. 卷十三："夫求之者非一，而获之者多途矣。要由世积阴德，然后皆此广生矣。"（赵校 224 页 / 日校 403 页）

"广生"指道徒行阴德所致的长生，前有"此"修饰，"此广生"乃一名词性成分，故"然后皆此广生"不辞。该句也见于东晋《道迹灵仙记》（11/47c），其中"皆"作"阶"。"阶"乃动词，作"登成;达到"讲，当是。

《登真隐诀》也是纂集同期道经而成，旁参同期道经是整理该书的主要方法，作者做出了很大努力，但也还可补充。续举五例。

6. 卷中："毕，因口呼出气二十四过。临目为之，使目见五色之气相缠绕，在面上郁然，咽入口内此五色气五十过。"（《辑校》51 页）

"咽入口内此五色气五十过"，表明上看能讲通；其实，句中将宾语置于处所词"内"后，是不符合魏晋南北朝语法的。该句在《真诰》卷十作"因入口内此五色气五十过"[1]，而《真诰》卷十三[2]和同书所收疑似道经《上清握中诀》卷中（279 页）分别作"因又口内此五色气五十过"、"乃又口内此五色气五十过"。"乃"和"因"同为表"于是"的承接连词，"内"即"纳"的古字，原文后陶注"向五色凝郁面上，良久乃更内之，当并吸使入口而咽之也"可作说明。故"咽"、"入"分别为"因"、"又"之形讹。

---

① 赵益点校《真诰》，第 167 页。
② 同上书，第 228 页。

7．卷中："常旦旦坐卧任意，存泥丸中有黑气，存心中有白气，存脐中有黄气。三气俱生，如云以覆身，因变成火，火又绕身，身通洞彻，内外如一。旦行，至向中止。"（《辑校》52～53页）

辑校者指出，该句在《真诰》中又两见①，卷十同，卷十三"至向中止"作"至日向中乃止"，作者认为似以后者为是。该句也见于同书所收疑似道经《上清握中诀》卷中"守玄白法"（《辑校》280页），而"旦旦"于后者作"平旦"，"旦旦"作天天讲，这里强调修行时辰，以"平旦"更胜；原文"绕"于《握中诀》则作"烧"，未详孰正，可供选择；而"至向中止"则作"至日中乃止"，"日中"、"向中"、"日向中"乃异文，均可。

8．疑似道经法藏 P.2732："又以手及指摩两目下权上，又以手旋耳，行卅过。……头四面，以两手乘之，顺发结，唯令多。"（《辑校》212页）

"顺发结"不辞。其于同书《上清握中诀》卷中（272页）、《上清三真旨要玉诀》（6/626b）、《上清修行经诀》（6/662c）、《真诰》卷九②、《洞真西王母宝神起居经》（33/461c），均作"顺发就结"，指顺头发向发结抚摸，当更接近原貌。

9．同前："天臺郁素，柱梁不倾。七魄藻练，三魂安宁。赤子携景，辄与我并。"（《辑校》214页）

"七魄藻练"之"藻"，于《上清握中诀》卷中（《辑校》268页）、《真诰》卷九、《洞真西王母宝神起居经》（33/460b），均作"澡"。"藻"、"澡"通，作为研究底本，通过点校可为读者理解提供帮助，同音通假是应当出校的。

10．《紫文行事诀》："祝曰：元生大君，周灌血抠。身披黄衣，头

---

① 分别见赵益点校《真诰》，第167页、237页。
② 同上书，第147页。

巾紫芙。"（《辑校》239 页）

核查敦煌原文[①]，确作"抠"字，但"血抠"不辞。该句也见于东晋刘宋《上清太上帝君九真中经》(34/34b)，作"血躯"，"抠"乃"躯"之俗写异形。

道教典籍刊刻时，刻写雕版人员文化水平参差，易用同音别字，而在传承中，形近之字更易致讹，致使今《道藏》经书文本上多有讹误。利用方便可靠的文本语料，能帮助我们从繁芜的经书中找出不少旁证材料，从而尽可能恢复经书原貌。

（二）道籍整理须综合运用多方面知识，有待各领域学者共同参与。

传承下来的道经是中华民族的重要文化遗产，其内容和价值是多方面的。要把它们整理好，发挥其在宗教思想、历史文化等方面的多重研究价值，需综合运用宗教学、语言学、校勘学等多方面知识，这无疑有赖于各领域学者的共同努力。

作为记载道教思想文化的载体，要把它整理好，首先要具备扎实的宗教文化知识。例如，《真诰》卷十有这样一段：

> 又学道之士，当先检制魂魄，消灭尸鬼……以真朱笔点左目眥下，以雄黄笔点右鼻下，令小半入谷里也。点毕，先叩齿三通，微祝曰：上景飞缠，朱黄散烟。炁摄虚邪，尸秽沉泯。和魂炼魄，合体大神。令我不死，万寿永全。聪明彻视，长享利津。……按此二处是七魄游尸之门户，钺精贼邪之津梁矣。故受朱黄之精，塞尸鬼之路，引二景之熏，遏淫乱之炁也。……此太极上法，常能行之，

---

① 李德范辑《敦煌道藏》第 5 册，中华全国图书馆文献缩微复制中心，1999 年，第 2475 页。

则魂魄和柔，尸秽散绝，长生神仙，通炁彻视。（**赵校**185～186 **页 / 日校**337 **页**）

句中"上景"于六朝《上清修行经诀》(6/658a)、《上清修身要事经》(32/562c)《洞真太上三元流珠经》(33/459c) 均作"二景"，"二景"在道经中指日、月。以孰为是，需加辨析。道教认为体内身神共分上、中、下三景，每景各八神，"上景"八神即头部八神（详参《太上二十四神回元经》34/774a-b）。而上句说的是引日月之光芒，故当为"二景飞缠"，下文"故受朱黄之精，塞尸鬼之路，引二景之熏，遏淫乱之炁也"可作旁证。"上"草写时极易与"二"相混，但"上景"与"二景"的宗教文化内涵是大不相同的。

作为宗教典籍，其中当然有不少专门用语，但其用语的主体部分仍是当时世俗语言的记录。故在整理时，需了解当时的一些语法、词汇及文字知识。例如：

《真诰》卷一："若自此之时，在得道之顷，为当固尽内外，理同金石，情缠双好，齐心帏幙耳。为必抱衾均牢，有轻中之接，尘秽七神，悲魂任魄乎？"（**赵校**18 **页 / 日校**37 **页**）

例中"为"明俞安期本作"奚"，日校没出校，赵校改之作"奚"。今按，实不当改。上句中两处"为"所引导的正是两晋南北朝时期典型的选择问句。例如：

卷五"道授"陶弘景注："此有长史掾各写一本，题目如此，不知当是道家旧书，为降杨时说？"（**赵校**78 **页 / 日校**162 **页**）

卷十四："今稚坚乃在此，不知为去来往还，为当两人同姓名也？"（**赵校**247 **页 / 日校**441 **页**）。

"奚"虽也可表疑问，但却不能引导选择问句，俞本作"奚"，实乃形误。该句叙述的正是以紫微夫人为媒人的杨羲与九华真妃的人神之恋，即"偶景"，说："在即将得道之际，我们俩是应该心灵相通、情坚似金石来虔心修道呢？还是像凡俗夫妻一样，轻忽交接，秽乱身神，魂魄颠倒（致使仙期遥遥）呢？"在标点上，"齐心帏幪耳"后也应为问号，二书均误。

有时候由于对经书中的用语缺乏合理认识，容易割裂语词而致误，甚至以讹传讹。例如：

《登真隐诀》卷上"玄洲上卿苏君"陶注："传中有守一，曲碎洞穿，经中有飞步经，略断绝。"（《辑校》5 页）

同上："其明堂、洞房、丹田、流珠四宫之经，皆神仙为真人之道，道传于世。"陶注："按今明堂止有存想经，略无祝说之法，疑为未备。"（《辑校》11 页）

核查原文，"飞步经"、"存想经"中的"经"实均作"径"。点校者于次例"存想经"后注："'经'原作'径'，据文意改。《中华道藏》亦作'经'。"今按，两句在《中华道藏》确作"经"字①，本即误改，不可为据。"径略"本为一词，指路径、方法。首例的正确标点当为"传中有守一，曲碎洞穿；经中有飞步，径略断绝。""飞步"即指早期上清经所述飞度天关之经，"径略"或即《洞真上清太微帝君步天纲飞地纪金简玉字上经》所绘之图径（见 33/438b）。次例的正确标点为"按今明堂止有存想径略，无祝说之法，疑为未备"，说的是《明堂经》中只有存思的门径，没有祝启之方法，"径略"与"法"相对成文。

《道藏》、《敦煌道藏》所收经书乃后世传写刻印而成，所使用文字往往有俗形别体，这要求我们在整理中仔细甄别文字，正确判断异形字。

---

① 分别见于《中华道藏》第 2 册，第 245 页上栏、246 页中栏。

例如：

《辑校》所收疑似道经《紫文行事诀》："行之十八年，上清当炼魂易魄，映以玉光，桑玄謇景，飞行太空。"（《辑校》216 页）

"桑玄謇景"不辞，今敦煌原卷虽确似"桑"字，实乃"乘"之俗写。该句也见于《太上玉晨郁仪结璘奔日月图》(6/703b) 及《皇天上清金阙帝君灵书紫文上经》(11/383a)，均作"乘玄謇景"，可资为证。

又如，同经次后："太上曰：夫人生结精积气，受胎敛血，所以凝骨吐津，散布流液。忽尔而立，悦亦而成，罔尔而具，脱尔而生。"（《辑校》234 页）

上句"悦亦而成"与后文不类，敦煌原卷似"亦"，实乃简体"尔"；该句也见于《上清太上九真中经》卷上 (34/33b)，作"悦尔而成"，可证。

可见，在道教典籍整理中，我们面对的困难是多方面的，若宗教学、历史学、语言学、文献学等多领域学者能都参加进来，无疑会更有利于整理工作的开展。

（三）整理中，在缺少他校材料的情况下，对文字的改动一定要谨慎从事。

在整理时，须仔细对照别本，充分参照同期道经的异文，来解决文本中的疑难问题，但有的地方仍因资料缺乏而难以理顺。在这种情况下，整理者根据自己对全书及同类经书体例或相关文句的了解，就个别地方作出推测性改动。这种推测可供读者理解文意提供参考，但在操作上，一定要谨慎从事，以免误校妄改。例如，《真诰》卷十一有多处"地肺"的文句：

"金陵者，洞虚之膏腴，句曲之地肺也。履之者万万，知之者无一"陶注："其地肥良，故曰膏腴，水至则浮，故曰地肺。"（赵

校 190 页 / 日校 345 页）

"江水之东，金陵之左右小泽，泽东有句曲之山是也"陶注：
"……此盖呼秣陵之金陵，非地肺之金陵矣。"（同前）

句曲山，其间有金陵之地，地方三十七八顷，是金陵之地
也。……《河图内元经》曰："乃有地肺，土良水清。"（赵校 191
页 / 日校 346 页）

"又《河书中篇》曰：'句金之山，其间有陵。兵病不往，洪波
不登。'此之谓也"陶注："……此盖指论金陵地肺一片地能如此耳，
其余处未必有所免辟耳。"（同前）

例中的多个"胇"字，二书均改为"肺"。日校本径改，赵校说：
"'肺'、'胇'，形近而常混同。据陶弘景注文意，当作'肺'是。"然据
上三处陶注，似仍难明改"胇"为"肺"之由。愚意认为，恐不当改。"胇"
指肉脯，也特指带骨的肉。《广雅·释器》："胇，脯也。"《玉篇·肉部》："胇，
脯有骨。""金陵者，洞虚之膏腴，句曲之地胇也"叙述的是上清派祖山
今江苏句曲山之金陵（此处并非专指今天的南京）"兵病不往，洪波不
登"，乃道徒免度厄世之洞天福地。"胇"与"腴"均从肉（月）得义，
"地胇"与"膏腴"相对成文，意义连贯，喻指土地肥沃，"水至则浮"，
形成泥土淤积，陶注正是对"胇"的很好注释[1]。

又如《真诰》卷十七："（杨）羲前所得，分者即服，日日为常，不
正闻有他异。唯觉初时作六七日间，头脑中热，腹中校沸耳。"（赵校
308 页 / 日校 534 页）

核查今《道藏》及俞本，"间"本作"闻"，日校"以意改"，赵校

---

[1] "肺"为五脏之一，不合文意。若据今日说某处森林多，可称地球之肺，从而改为"地肺"，就更牵强。

从日校改。按，所改有误。该句两处"闻"都作觉得讲，乃"闻"由听觉义向一般感觉的转移①，故上句正确的标点为："羲前所得，分者即服，日日为常，不正闻有他异。唯觉初时作六七日，闻头脑中热，腹中校沸耳。"叙述的是杨羲初服丹药六七日，感觉头热，腹部鼓胀。"闻"作"觉得"讲习见于其他六朝道经，如：

陶弘景《上清明堂元真经诀》："修此道，极，勿食脯肉。若闻饥，可食面物，以渐遣谷，不得一日顿弃也。"（6/641b）②

六朝《洞真太上飞玄羽经九真升玄上记》："极念思之，当闻体中热，是真气合德也。（33/643b）

六朝《上清修行经诀》："祝毕，以手掩耳门一七过，毕，当闻面热，即佳候也；若闻头项颈间瘇瘇寒者，恶气入也。"（6/663b-c）

再看《登真隐诀辑校》中改动可商的地方。例如三卷本《登真隐诀》卷下：

"二朝计九十日"陶注："后云从本命日为始，此法当逆推取初生年月日，于后得第一本命日，便计以为始，顺数九十日，辄一断。"（《辑校》96页）

整理者出校记曰："'于后得第一本命日'，原本'于'作'子'，据文意改。《中华道藏》以'子'属上，亦通。"

今按，当以"年月日子"为正，原文及《中华道藏》是。"年月日子"乃古代时间的常见表达法，"子"即甲子，指前面那一天的干支，后文所举"宋孝建三年丙申岁四月三十日甲寅"、"癸酉年十二月二十二日丙申"、"甲戌年三月二十一日丙寅"即是其例。"年月日子"类似表达习

---

① 参王锳《试论"通感生义"——从"闻"字说起》，《语言教学与研究》1997年第4期；又收入氏著《近代汉语词汇语法散论》，中华书局，2004年，第104～109页。
② 该句还见于六朝《上清太极真人神仙经》（34/301c）。

见于同期道经，如：

《太上求仙定录尺素真诀玉文》："某年月朔日甲子，某岳先生某君，先身有幸，庆逮今生。"（2/855a）

《正一法文经护国醮海品》："太岁某年月朔日子，于某斋坛中告下。"（32/705c）

《上清金真玉皇上元九天真灵三百六十部元箓》："太岁某年月日子时与某里中拜上。"（34/143b）

《文选·陈琳〈檄吴将校部曲文〉》有"年月朔日子，尚书令或告江东诸将校部曲及孙权宗亲中外"句，顾炎武《日知录·年月朔日子》对此有专门阐释："古人文字，年月之下必系以朔，必言朔之第几日，而又系之干支，故曰朔日子也。如鲁相瑛《孔子庙碑》云：'元嘉三年三月丙子朔，廿七日壬寅'，又云'永兴元年六月甲辰朔，十八日辛酉'。"[1]

总之，道经的整理工作起步晚，困难多，任务重。在技术层面上，需加快经书的电子化进程；在参与人员上，需包括宗教学、历史学、文献学、语言学等在内的多领域学者的共同努力。我们相信，在宗教界和学术界的重视下，一定会有更多的道教典籍整理的精品成果问世。

（《真诰》，陶弘景撰，赵益点校，中华书局 2011 年 9 月，39 元;《登真隐诀辑校》，陶弘景撰，王家葵辑校，中华书局 2011 年 9 月，39 元）

---

[1] 顾炎武著，黄汝成集释，栾保群、吕宗力校点《日知录集释》，花山文艺出版社，1990 年，第 891 页。

《后汉书》研究的集大成之作

——《后汉书稽疑》读后

臧知非

曹金华教授的《后汉书稽疑》于 2014 年 9 月由中华书局出版，这是《后汉书》研究的集大成之作，更是东汉史研究的重大创获。

现在通行的《后汉书》，是南朝宋范晔在当时流行的各家"后汉书"的基础上编撰而成，问世伊始即受到学界重视，并逐步淘汰其他各家"后汉书"，成为研究东汉历史的基本资料。南朝萧梁时，刘昭因范晔未能完成"编作诸志，前汉有者，悉欲备制"的计划，将晋司马彪《续汉书》的八篇《志》分为三十卷附于范书后并加注释。至唐，章怀太子李贤组织学者详注该书，是为后代通行注本。然因刘昭的注仅限于司马彪的《志》，后世流传者只是部分注文，而李贤注释成于众人之手，成书仓猝，不足之处甚多。至清朝，朴学兴盛，《后汉书》的注释、考校成为学者研究的应有内容，成就空前，钱大昕《廿二史考异》、王鸣盛《十七史商榷》、赵翼《廿二史札记》皆含《后汉书》的内容，而惠栋《后汉书补注》、王先谦《后汉书集解》则是系统注释《后汉书》的划时代之作。

1965 年，中华书局出版了点校本《后汉书》，参与点校者均为一时之选，其以商务印书馆影印南宋绍兴本为底本，与汲古阁本、武英殿本对校，参以清人研究成果，是为目前通行的最佳版本。但是限于当时的历史条件，点校以"尽量简洁"为原则（此乃"二十四史"点校的共同原则），对已有成果吸收有限，特别是随着当代史学研究的发展，新成果不断问世，对《后汉书》等"二十四史"的点校本修订成为当务之急。故 2007 年，中华书局启动了点校本"二十四史"及《清史稿》修订工程，并为其提供广泛的学术支持，一以已经出版的"二十四史研究资料丛刊"为依托，搜集历代"二十四史"研究资料，构建"二十四史"及《清史稿》研究资料库；二是编辑出版"二十四史校订研究丛刊"，汇编今人校订"二十四史"及《清史稿》的著述（1～2 页）。《后汉书稽疑》（以下简称《稽疑》）即作为"二十四史校订研究丛刊"的一种而出版的，全书分为三册，125 万余字。

《稽疑》以点校本《后汉书》为工作本，汇集各种旧本，对正文、注释及《校勘记》皆作全面、系统、深入的考校，古今注释一网打尽，而且对现代刊行的东汉或者与之相关的历史典籍研究成果和考古资料悉数采纳，史书如点校本《汉书》、《三国志》，吴树平《东观汉记校注》，周天游《后汉纪校注》、《八家后汉书辑注》和吴树平《风俗通义校释》，刘琳《华阳国志校注》等，以及出土资料如袁维春《秦汉碑述》、连云港尹湾汉墓及许多汉简等等。这些都极大地拓宽了校勘视野，丰富了稽疑实证，使之成为名副其实的集大成之作。

《稽疑》用自校与他校融通的方式，无论对范晔《后汉书》自身存在的问题，还是各种版本在传抄刊行过程中造成的讹误，以及注释、校勘中的误解，都尽可能地给出明确的结论，更以史学家的洞察力，辨是非、抉幽隐，以实证为要旨。全书 8500 余条，短者数十字，长者千余言，内容包罗万象，时段不局限于东汉，但其条目所涉作者都有独到的见解。无论名物训诂辨析、典章制度变迁，还是人物行迹考证、历史事件过程复原，抑或政区地理演变、句读行文厘定等等，均能发前人所未发，见前人所未见，其意义远远超出了传统的校雠稽疑之学。如《光武帝纪上》载"交阯牧邓让率七郡太守遣使奉贡"，李贤注曰："七郡谓南海、苍梧、郁林、合浦、交阯、九真、日南，并属交州，见《续汉书》。"《稽疑》指出，此事详载《岑彭传》中，七郡太守乃"江夏太守侯登、武陵太守王堂、长沙相韩福、桂阳太守张隆、零陵太守田翕、苍梧太守杜穆、交阯太守锡光"也，故而得出了李贤未审故致其误的结论（25 页）。《安帝纪》载永初元年"调扬州五郡租米"，李贤注："五郡谓九江、丹阳、庐江、吴郡、豫章也。扬州领六郡，会稽最远，盖不调也。"王鸣盛《十七史商榷》"不调会稽"条说："下文七年调零陵、桂阳、丹阳、豫章、会稽租米，则会稽或但此役不调，非以远故免。"《稽疑》则据顺帝永建四年"分会稽为吴郡"的记载，指出安帝时扬州不能领六郡，证实李、王之说皆误（101 页）。《陈蕃传》载陈蕃上书言及秦始皇焚书坑儒，李贤注引卫宏《诏定古文官书序》云："秦既焚书，患苦天下不从所改更，而诸生到者拜为郎，前后七百人。乃密令种瓜于骊山坑谷中温处，瓜实，诏博士说之，人人不同。乃令就视，为伏机，诸生贤儒皆至焉，方相难不决，因发机从上填之以土，皆压之，终乃无声"，并谓"今新丰县温汤处号愍儒乡。汤西有马谷，西岸有坑，古老相传以为秦坑儒处也"。而《稽疑》指出《古文官书》乃"古文尚书"之讹的同时，复举王充《论衡·语增篇》为据，谓"诸生转相告引者，自除犯禁者四百六十七人，皆坑之。……传坑杀儒士，欲绝诗书，又言尽坑杀之，此非其实而又增之"，"知当时社会有此流言，卫宏或依此说，而非实也"（865页）。又如《文苑列传》载光和元年（178）汉阳赵壹上计京师，"司徒袁逢受计"。点校本《校勘记》谓此时司徒乃是袁滂，不是袁逢。《稽疑》先从制度层面考证是时袁滂虽为司徒，但袁逢为司空，司空也有受计职能，"司徒"抑或"司空"之讹；而后则据赵壹上计期间拜访过河南尹羊陟和弘农太守皇甫规考之，知此时羊氏已因党锢于多年前免官，皇甫规在熹平三年（174）去世，任职弘农太守更是多年前的旧事，便得出了《后汉书》缀取失实的结论。如此等等，不胜枚举。

众所周知，史料是史学研究的基础，史学认知是否可靠，不仅以丰富的史料为前提，而且以史料的准确为原点，错误史料所导致的错误结论，比史料不足所导致的认识缺失对史学的危害更大。在秦汉史研究领域，东汉史向称薄弱，这固然有研究者的主观因素，在客观上则是因为史料不足，范晔《后汉书》是研究东汉史最基本的资料，研究者常有难以为炊之叹。而以范晔《后汉书》而论，该书成于特定的历史背景之下，所依据的资料并非完全是官方档案，而是在各家"后汉书"的基础上编撰而成。这在当时，因为政治和世风的影响，编撰史书成为部分士人的价值追求，各种史书的编撰并非完全出于明一代史实、总结历史经验、探讨历史问题，而是以此要誉社会、自高身价，诸家"后汉书"的编撰也是如此。加上时处动荡之世，资料散乱，各家"后汉书"的不足是不言而喻的。范晔出身文化世家，对历史和现实都有着自己的理解，但是鉴于当时学风，在史料取舍、历史评判等各方面难免有其局限，再加该书为未完稿，成书仓猝，修改未工，所保留和传达的历史信息难免有误。这就要求后人辨而后用之。然而，说来容易，做来甚难，这不仅需要相应的文献功底，全面的历史知识，而且要有相应的史学认知能力，要以秦汉史的深入研究为前提。作者潜心秦汉史研究数十年，对东汉史研究造诣尤甚，《稽疑》之作就是建立在对此深入研究的基础之上的。其在对秦汉尤其是东汉史的方方面面有着深入研究之后，又细致了解了范晔《后汉书》的不足和后人注释理解局限的前提下，穷十数年之工，完成是书，其价值不仅是为学界使用《后汉书》提供了新的依据，更为认识东汉相关历史问题提供了认识上的参考和借鉴，其意义不仅在于古籍整理，更在于史学探索；不仅是《后汉书》研究的新收获，更是东汉史研究的大创获。尤其要指出的是，《稽疑》所体现的辨伪求真、不计功利的学术态度和学术风范，值得学界大力提倡和效法。

（《后汉书稽疑》，二十四史校订研究丛刊，全三册，曹金华著，中华书局2014年10月，180元）

50余年前约稿的《成吉思汗小传》面世

日前，中华书局、南开大学联合在北京召开元史学术研讨会，会上同时宣布《成吉思汗小传》出版，以此庆祝元史学界重要学者、中国社会科学院荣誉学部委员蔡美彪先生米寿。

《成吉思汗小传》是一部50余年前的约稿。1962年，蔡美彪应时任中华书局总经理金灿然的邀请，约写此稿。但不幸的是，两年后初稿写成，金灿然不能看稿。"文革"浩劫中，金灿然凄凉逝去。中华书局总经理徐俊表示，《成吉思汗小传》的出版，为蔡先生与金灿然先生50余年前的旧缘画上了圆满的句号。

（清平客）

碑刻异体字研究的划时代成果
——评《汉魏六朝碑刻异体字典》

张海艳

作为碑刻文献语言文字研究的系列成果之一，毛远明先生的又一部碑刻学重要著作《汉魏六朝碑刻异体字典》（以下简称《字典》）由中华书局于 2014 年 5 月正式出版了，这是学界翘首企盼已久的大好事。该书得到国家社科基金项目"汉魏晋南北朝石刻异体字、异体字典及语料库"（06BYY033）的资助，结题为优秀。全书收录字头 4256 个，收载异体字形近 50000 个，文字形、音、义、书证、考辨俱全。它的面世，标志着碑别字的研究刷新历史，使这个领域的研究登上了一个崭新的台阶。捧读着这部充满浓厚学术气息的厚重之作，深受教益，于是禁不住想把自己的体会写出来与学界同好分享。

一、《字典》是碑刻异体字研究的时代标志，是对前人研究的巨大超越。

异体字是一个看似十分熟悉而又远远没有充分认识，更没有彻底弄清楚的语言文字问题。作为文字系统中形体不同而所记录的词音义完全相同的一组字，从表象上看，异体字不过是字形问题，而深入考察，便会发现除了要关注汉字的形体结构，还要涉及汉字性质，汉字特点，汉字书体，汉字形体演变的历程、趋向和动因，文献语言的字词关系，汉字发展史等重要问题。因此，必须站在语言文字系统的高度，从汉字的性质，以及由这个性质决定其运动方向和发展规律的角度，进行综合考察。

　　汉字字库估计有数十万个，是一个庞杂的历史堆积体，其中数量最大的就是异体字。这不仅因为形音体系的汉字，字词关系是对应的，早期的汉字依词造字，据义绘形，创制者总是力图将词义要素尽可能多地反映到字形上来，使得字形可以直接、间接表现词义。可是词义要素是复杂的，物象特征是多面的，观察物象的角度不同，获取词义的途径不同，造字思路不同，构字意图不同，同一个词的意义可以用不同的方式、不同的图形符号来体现，这样便势必造成同词异形，同义异构。而且由于汉字结构自身属于组合型，是用构字要素层层组装成字的。笔划多少、笔形差异、搭配方式等，表现出不同构件之间彼此区别的字素特征。由于汉字系统的基本笔划只有五种，加上变体，也不过二十来种，而构件的数量却多得多，这就必然造成构件之间形体差异很小，在书写过程中出现讹混。

　　汉字字库的堆积，又是动态发展的。汉魏六朝是隶书完成，楷书发展并趋于成熟的重要阶段，隶变楷化使汉字脱离形象化的轨道，向符号抽象化方向发展。书手们的多头尝试，使得这个时期的汉字俗讹满目，异体纷呈。碑刻铭文是这个过程最直接的字料呈现。历代学者因不同目的，以不同方式研究碑别字，成果应该还是比较丰富。主要有两类：

　　第一类是开始于宋代，发达于清代的跋尾，对碑别字中的疑难字作过部分考证和说明。如宋代洪适《隶释》①，在碑铭末尾注明"某同某"、"某即某字"，说明异体关系。只是这些材料十分零散，查询困难，不便利用。

第二类是碑别字汇编，如清代赵之谦的《六朝别字记》②，从六朝碑版中收集异体字、俗别字 400 余个；罗振鋆、罗振玉辑《增订碑别字》③，采录古代碑刻中俗体别字，将原刻字形依照拓本双勾描摹，比较真实，但所收字数较少。秦公《碑别字新编》④，是一部专门辑录历代碑刻别字的字谱。收集俗别字、异体字，共辑录字头 2528 字，俗字别体 12844 个。秦公、刘大新《广碑别字》⑤，在《碑别字新编》的基础上，增加碑别字数量，收录字头 3450 余字，重文别字 21300 余字，是此前收录碑别字最多的工具书。当然，这些碑别字字谱，搜集碑别字数量都十分有限，大量碑别字并没有收入；只有字形，没有义项，没有书证；异体字形或摹录，或楷书转写，字形往往失真；没有考辨，释读有误。应该说这些成果是比较粗糙、比较一般的。

前修未密，后出转精。《字典》站在学科研究的最前沿，从碑别字研究的新起点，对汉魏六朝碑刻中的异体字进行了一次全面搜集和整理。字料属于同时资料，真实性强。从 1414 通碑刻约 90 万字中提取出全部异体字形近约 50000 个，文字包括篆书、古隶、分隶、楷隶、正书、行书，而以隶书、正书为主，形态多样，而又主体分明。庄重的通行体与率意的手头字并存，科学展示出汉魏六朝碑刻异体字的存在形式、字际关系和文字使用面貌，也为汉字学、汉字发展史以及训诂学、辞书学、辞书编纂、书法学、碑刻文献整理等学科研究提供了具体材料和重要的

① 宋·洪适撰《隶释》二十七卷，中华书局影印出版，1985 年。
② 清·赵之谦《六朝别字记》初稿手写本，商务印书馆据之影印，1919 年；文字改革出版社铅印本，1958 年。
③ 罗振鋆《碑别字》五卷，附《碑别字拾遗》，清光绪二十年夏刊，罗振玉依照其思路体例，撰成《碑别字补》五卷，自刻本，光绪二十七年刊，后来罗振玉将二书合编成《增订碑别字》，罗氏石印本，1928 年刊。
④ 秦公《碑别字新编》，文物出版社，1985 年。
⑤ 秦公、刘大新《广碑别字》，国际文化出版公司影印，1995 年。

查询工具。

通观作者碑刻研究著作，不难发现其研究是有总体构想，并按照预设的构想在逐步完成其宏伟计划。作者花费十多年的心血，对汉魏六朝的碑版拓片全面搜访，科学鉴别，然后进行铭文释读、校勘和疑难字考释，其成果体现在《汉魏六朝碑刻校注》中。①在此基础上对所收全部碑刻拓片按单字切图，并把全部数据放入预设的碑刻异体字数据库，包括"图片库"、"文本库"、"句子库"、"文字字形库"、"文字义项库"、"文献目录库"；根据研究需要，对各库所有材料进行逐项系统标注，形成《汉魏六朝碑刻异体字语料库》；在数据库技术的支持下，通过各库链接，生成《汉魏六朝碑刻异体字典》；然后手工进行必要的修改、调整和加工。所有字料，一律以碑刻拓片、照片上的文字为依据，以保证研究材料的真实性；所取异体字字样，一律使用剪切的文字图片，避免了摹录失真；所有材料在数据库提取，防止了字料的遗漏；对碑刻异体字诸多问题，用按语发表意见，将材料提升到理论高度来认识。整个编辑过程在全新的研究思想指导下，利用了新兴的科学手段和现代的研究工具，其成果体现出鲜明的现代化特征和浓厚的时代特色。

二、科学严整，体大思精。

《字典》凡例制定科学，贯穿于研究全过程，作者忠实地执行凡例的规定，完成凡例预设的目标。《字典》凡例分 4 部分 25 款，具体包括：1. 条目安排，凡 5 条；2. 字形和字体，凡 4 条；3. 注音，凡 4 条；4. 释义与例证，凡 12 条。分别从字形、字音、字义、例证、条目安排和条

---

① 毛远明《汉魏六朝碑刻校注》，全十册，线装书局，2008 年。

目互见等方面，作出严格、科学、细致而又便于操作的编写规范，还有按语一项，也作了具体的规定。

这样编辑碑刻异体字典，是前所未有的。有的凡例设计特别值得关注，如规定"楷书字头下的篆书、隶书、楷书异体字，为扫描图片剪切，每个字下均标明碑刻拓片编号、拓片数、行数、第几字等，以便读者查检、核对。所选异体字形原则上不重复，由于文字有泐蚀，出于彼此互补的考虑，也允许个别重复。各异体字形首出通行体，然后是篆字、隶书、楷书，各体按时代的先后顺序排列"。以史的眼光，把篆书、隶书、楷书异体字放到一起，可以贯通古今，能真实反映异体字的继承和发展。特别是把隶书和楷书统一视为今文字这个大类加以排列，是由于排开文字体态的差异，隶书和楷书在构件、结构、造字理据等方面，相同远远大于差异。着眼于同，将隶、楷书归并起来，而对其异则剥离出来单独讨论，这样做与汉字史的实际是吻合的，与隶变以后异体字生成、发展的实际情况是符合的。对碑刻中同一汉字的所有异体字又按照其生成、演变的线路分组，按字形相近的原则，以排列先后的方式，层次分明地反映出来。这对于汉字运动、汉字发展的轨迹、异体字生成发展的内部机制及其运行规律，作了很好实证性揭示，因此对于分析汉字发展的路径、脉络、动因，研究汉字理论，梳理汉字发展史，都具有十分重要的意义。

三、考证并收录大量疑难异体字，纠正了前人碑版释读中出现的很多错误。

《字典》作者以严谨的治学态度、实事求是的科学精神，将所涉资料中的全部字料，一字不苟地纳入考察的范围，不回避矛盾，不隐藏疑难。经过严格的考察，科学的论证，创获丰硕，纠正了前人在碑版释读中存在的大量错误，并将研究成果全部纳入《字典》之中。大量疑难异体字的收录，成为《字典》的一个特别引人注目的亮点，也是其与他碑别字谱风格不同的重要表现。

例如："弄"字条（《字典》651页），收录了"卞"、"卡"、"𠂤"、"㝰"、"挊"、"㧗"、"𢪒"等异体字①，可以解决过去碑刻铭文释读的许多错误。

《元举墓志》"自涂羹匪弄"，弄，原刻作"卞"，《洛阳出土北魏墓志选编》（以下简称《选编》）②误作"自涂羹匪卞"，文意不可解。"自涂羹匪弄"，语出《韩非子·外储说左上》："夫婴儿相与戏也，以尘为饭，以涂为羹，以木为胾，然至日晚必归馈者，尘饭涂羹可以戏，而不可食也。""弄"，义为玩弄，与《韩非子》中的"戏"同义。六朝会意字一改上古以形会意的造字思路，而以义会意造字。"弄"，先作"卡"，以上下其物会意，如《吊比干文》"执垂益而谈卡兮"，《尔朱绍墓志》"弱不好卡"。构件"上"异写成"工"，作𠂤，以求变化，如《元诱墓志》"殊异表于𠂤璋"。构件"工"又变成"ㄱ"，作㝰，《王绍墓志》"弱不好㝰"，《若干云墓志》"弱不好㝰"。再简省一横，竖划相连，便写成"卞"字，与"卞"字形体略近易误。

关于"弄"的变体，误读者还多。如《高贞碑》"清晕发于载卡"，"载"下一字部泐，但尚存轮廓，作"卡"，应是"弄"的异体。载弄，语出《诗·小雅·斯干》："乃生男子，载寝之床，载衣之裳，载弄之璋。"《金石续编》释作"卞"③，并说："卞，与'弁'通。"大误。《宝鸭斋题跋》则说："'载'字是误书，不欲涂改，故以上下二字合为一格。"④

① 本文中凡不特别注明的异体字图片，都来自《字典》相关字头，不一一注明，以省篇幅，读者在《字典》中开卷可得。
② 朱亮主编《洛阳出土北魏墓志选编》，科学出版社，2001年。
③ 清·陆耀遹撰《金石续编》，续修四库全书影印清同治十三年双白燕堂刻本。
④ 清·徐树钧撰《宝鸭斋题跋》三卷，1912年石印本。

意思是说，"载卡"是三个字，"载"字写错了，不好涂改，于是把"上下"二字合写在一个格子中，即所谓挤压界格。但"清晕发于上下"，这不仅与下句"秀悟表乎龆齿"不协调，而且义无所取。可见不识俗字而强解之谬。《元佑妃常季繁墓志》"允昭于载卡之春"，《汉魏南北朝墓志汇编》作"卞"（以下简称《汇编》）①，"载卞"，义无所取，释文误。应是"弄"字，"载弄之春"，表示幼年。

卡加"扌"作抌，以突出其动作，《王君妻元华光墓志》"慕洁抌瓦之岁"。横划共笔，　抌写成"抍"，以求简省，《元均及妻杜氏墓志》"敢抍神器"。《杨乾墓志》　"幼不好抌"。构件"扌"又讹变为"亻"，《高广墓志》"载传机明"。

解决了"弄"的异体，对于以"弄"为构件的"筭"字的清理就找到了路径。"算"字条（《字典》851 页）下收录笇（《刘阿素墓志》）、筞（《元平墓志》）、筞（《殷恭安等造像记》）、筞（《□道明墓志》）、筞（《元钻远墓志》）、竿（《叔孙协墓志》）等异体字。

反观字料来源，发现各家释读多误。《汇编》著录延熹六年《□临为父通作封记》"等有罪□"，释文有缺有误。根据图录残划轮廓，应是"筭有穷讫"，意思是寿命有终结，"筭"，寿命。《汇编》释"筭"为"等"，释"穷"为"罪"，"讫"字又未释，均非。《校碑随笔》释"筭"为"莽"②，亦误。《中国书法》公布《慧光墓志》："且延遐策，永兹法献。"③"遐策"不辞，误矣。原刻作"竿"，是"筭"的异体，即"算"字。遐竿，意为长寿。六朝碑刻中用例甚多，如《刘阿素墓志》"宜保遐竿"，《李祖牧妻宋灵媛墓志》"冀凭遐竿"。"竿"不仅多异体，而且

① 赵超《汉魏南北朝墓志汇编》，天津古籍出版社，1992 年。
② 清·方若《校碑随笔》76 页，《石刻史料新编》第二辑，台湾新文丰出版公司影印，1979 年。
③ 《新出土东魏〈慧光墓志〉考评》，刊《中国书法》2005 年第 3 期。

记录了两个词。或作筭，《元平墓志》"宜延遐筭"，《殷恭安等造像记》"副筭康延"；或作笇，《□道明墓志》"上笇弗延"。三例中的"算"字，均寿命之义。字或作筭，《元钻远墓志》"入帷能筭"；或作笇，《皇甫琳墓志》"何期谬笇"；简省作竿，《叔孙协墓志》"竿合忠恩"。三例中的"算"字，是谋划、谋略之义。两词同形异义。

又如"亦"字条（《字典》1072 页），收录了"乐"（《李蕤墓志》）、夾（《公孙略墓志》）、厸（《奚智墓志》）、厸（《元显儁墓志》）、厼（《吴子璨夫人秦氏墓志》）、朩（《封延之墓志》）、乚（《寇侃墓志》）、乚（《山徽墓志》）、乚（《吕眖墓志》），呈现出逐渐简化、讹变的轨迹。

这组异体字，历代释文亦多误。如《李蕤墓志》"乐既从政"，《汇编》、《选编》均释作"爾"。从字形上看，乐与"爾"相差甚远，释读者应是释示为"尔"，然后又转繁体为"尔"。但是"尔既从政"，文献中却无此辞例，意义亦不可通，释读有误。"亦既"连用，表示既然、已经之义。用法来自《诗经》，如《草虫》"亦既见止，亦既觏止，我心则降"；"亦既见止，亦既觏止，我心则说"；"亦既见止，亦既觏止，我心则夷"。又《大雅·抑》"借曰未知，亦既抱子"。《元融妃穆氏墓志》"清源尔始"，《选编》释文作"爾"，也是将"亦"误释为"尔"，又转繁为"爾"。《元诱妻薛伯徽墓志》"月盈朩魄"，《汇编》释作"示"，误。字形上，原文比"示"多一点；内容上，文中"既"、"亦"对举，文意通畅。《元融妃卢贵兰墓志》"示既有行"，"亦"，《汇编》误释作"示"。《元钦墓志》"椒聊乐繁"，《辽宁省博物馆藏碑志精粹》（以下简称《辽博藏碑》）释文作"尔"[1]，义不可通，误。《义慈惠石柱颂》题名"刘亦贤"，"亦"，《宝鸭斋题跋》作"子"[2]，误读。

---

① 王绵厚、王海萍主编《辽宁省博物馆藏碑志精粹》，中国·文物出版社、日本·中教出版株式会社合作出版，2000年。
② 清·徐树钧《宝鸭斋题跋》卷中，清宣统二年刻本。

从"亦"声的字可以类推。如"弈"(《字典》1074 页),异体有弈(《司马绍墓志》、弈(《穆亮妻尉氏墓志》)、弈(《元孟辉墓志》)、弈(《元鉴妃吐谷浑氏墓志》)、弈(《元谭墓志》)、弈(《元新成妃李氏墓志》)、弈(《尉迟运墓志》)、弈(《道颖造像记》)、弈(《崔鹔墓志》)、舞(《元鉴墓志》)等。"弈"字在已有释文中也多有误读。如《□子辉墓志》 "弈世冠冕","弈世",世世代代,《文物》公布释文作"并"[1],意义勉强可通,但字形不类,释读误。《赵征兴墓志》"英谟弈世",《新出魏晋南北朝墓志疏证》(以下简称《疏证》)释文作"并"[2],误读。

"迹"字(《字典》367 页)在碑刻中,构件"亦"也类推,异体有迹(《□伯超墓志》)、迹(《寇演墓志》)、迹(《元尚之墓志》)、迹(《张子开造像记》);"迹"的异体,作迹(《封魔奴墓志》)、迹(《青州刺史元湛墓志》)、迹(《元瞻墓志》)等。"迹"字过去也多误读。《赵宽碑》"追迹前勋",追迹,追踪、继承之义。《汉魏石刻文学考释》释作"述"[3],"追述"成词,但字形不类,而且原文"追迹"与"作式"对举,意义甚畅,若作"追述",反而不协。《寇治墓志》"方迹秦区",《志石文录》释作"迹"[4],乃是误读"迹"为"迹",又转繁体为"邇",差之远矣。《崔隆墓志》"小丑敛迹",敛迹,收敛形迹,多指坏人不再作恶。《选编》作"迹","敛迹"不可通。误读"迹"为"迹",又转繁作"邇"。《孙辽浮图铭记》"永流懿迹",又"淹回圣迹",两字都应是"迹",《汇编》均误释为"迹",又转繁体作"邇"。懿迹,美善的功绩;圣迹,神明的业绩。若作"懿迹"、"圣迹"则不辞矣。《元钦墓志》"绿图穷其妙

① 《太原市南郊清理北齐墓葬一座》,《文物》1963 年第 6 期。
② 罗新、叶炜《新出魏晋南北朝墓志疏证》,中华书局,2005 年。
③ 叶程义《汉魏石刻文学考释》,台湾新文丰出版公司,1997 年。
④ 吴鼎昌《志石文录》,民国年间铅印本。

迹"，妙迹，美好的历史。《辽博藏碑》释作"迩"，"妙迩"不可解，必误无疑。

对于不认识，或者大体认识而还不能确定的异体字，以按语的形式，标示"存疑待考"、"疑某字，备参"、"录以待考"等。如"索"字条（《字典》859 页）："按：0165 𡩡，或释为'索'，或释为'掌'，录以待考。"知之为知之，不知为不知。不确定的则把问题摆出来，供学界进一步研究。这种实事求是的科学态度是难能可贵的，值得钦敬并学习。

四、精要评点，为汉语、汉字史研究提供思考。

《字典》对所收异体字，用按语的形式进行多方面的分析、解释，对异体字材料进行具体说明和规律的揭示。又把作者对异体字的研究心得体现在字典的各个字头下，对文字学、汉字史、字词关系等研究提供有益的思考。

1. 说明文字演变、讹混的原因、路径或结果。如"筮"字条（《字典》811 页）："按：构件'⺮、艹'形近讹混，'巫、㸚'形近讹混，'筮'讹作'𥳖'，与'茎'之异体字成为同形字。作构件可以类推。"又如"收"字条　（《字典》814 页）："按：'𢛯'是'收'的古文字隶定字；因构件'丩'、'丬'、'忄'、'扌'、'扌'形近讹混，'攵'是'攴'的隶变，与'又'形近义通，构件'丩'又有多个变体，故'收'又作'牧'、'収'、'牧'、'収'、'収'、'扱'等，作'攴'者为隶古定字；'扌'替换'丩'，作'扱'，声符遂失，成为没有声符的双形符字。"

2. 说明文字异体于词汇语义的关系。作者特别注意异体字之间的字词关系，将字形与字义相结合。既注意字、词的严格区分，又不否认汉字形音义统一，文献语言中字词（语素）合一的事实。文中对异体字的描写和说明包括形体来源，形体特征，形体之间的关系，又十分注意字词关系的考察。因为从本质上说，文字作为记录语言的符号系统，其功能是记录词的，形音体系的汉字尤其重视字词之间的紧密联系。如"息"字下（《字典》946页）："因'息男'连用，受男性语义感染，添加类化形符'子'作'慁'。"异体字的核心问题就是字与词的不对应，研究异体字的根本任务就是要讨论字形与词语之间不对应的各种矛盾，为全面清理文献语言中的异体字，考释因异体字造成的疑难字词提供思路和条例，以提高文献语言研究的可信度。《字典》对非全同异体字的分项处理，对全部同形字所对应的词语，分别按语说明就是就是这种思想的体现。如"仙"字条（《字典》962页）："按：'僊'、'傊'为'仙'之换声异体字；构件'䍃'讹混作'霝'，'僊'又作'僤'；'仚'为'仙'之构件位移异体字，与轻举貌义之'仚'形成同形字；构件'山'右竖置向改变，'仙'又作'仦'。""企"字条（《字典》695页）："按：构件'山'与'止'形近讹混，'企'作'仚'，与'仙'之异体'仚'成为同形字。"

作者认为"同形字一个字形记录两个或者两个以上音义不同的词。碑刻中往往因文字形体类化，产生的新字符，偶然与别的字符相重，这是造成同形字的重要原因之一。同形字与异体字是性质不同的两类字，但二者之间又有联系。如果所记录的几个词本身已有相应的文字，则这个因类化而产生的同形字，便分别与不同的字构成异体关系。在不同层面上反映出既是异体字，更是同形字"[①]。

3. 对异体字的内涵及其相关理论问题作扼要说明。

关于异写字与异构字，作者认为"异写字也是异体字。大量异构

---

① 毛远明《汉魏六朝碑刻异体字研究》362页，商务印书馆，2012年。

字是从异写开始的，异写是过程，异构是结果。如果把异写字排斥在异体字之外，不利于异体字全貌的描写，不利于异体字生成、发展、演变过程的观察，不利于异体字形成动因的解释，也不利于异体字规律的揭示"[①]。在"庄"字下（《字典》1243 页），先以其演变线路列出因异写而产生的异体字形 莊—荘—荘—庄，然后按语说明"'庄'经过一系列的简省、讹变，成为'庄'，是现代简化汉字'庄'的源头。这组异体字完整反映出'庄'字由异写变成异构字的演化过程"。

关于类化字，是因为文字受自身形体或者相邻文字结构的影响，以及受使用环境中相关词汇语义的沾染，在思维类推作用下，产生的非理性形体类推，增加或者改变其中一个字的构件或偏旁，从而产生的字。"燮"字条异体有爕、爕、燮（《字典》989 页），作者"按：'燮'的构件'又'受字内构件影响，类化作'火'；又受强势构件"繼"的影响，类化作爕；"变"字，应作"燮"，讹刻作"变"，与变化的'变'成为同形字。"这里除了类化，还涉及"强势构件"问题，即构字能力强，构字频率高的构件处于强势地位，会归并处于弱势地位的构件；反之，弱势构件会因形体近似，而向强势构件靠拢。从而出现讹混，这在碑刻异体字中是一个普遍规律。

五、存在的一些问题

1. 有的字不一定是定论，还可以继续考证，尽管这种情况不多。例如"馨"字条（《字典》1089 页）馨，"发出祥和声音。0603：'弱冠登朝，金鸣玉～。'按：'馨'声音祥和。但文中作动词，也可能是'响'

---

① 毛远明《汉魏六朝碑刻异体字研究》9 页，商务印书馆，2012 年。

的俗讹字。录以待考"。作者的态度是审慎的，但取舍之间似有未当，我们认为视为"响"的异体，可能更妥帖。又如"禀"字条（《字典》48 页）收商，作者按：该字"字书不载，疑似'禀'，录以备参"。该字出自《韦彪墓志》"鑫龙唐朝，大伯商政。"《疏证》释作"商"，自然不可信，但《字典》释作"禀"，既没有文字依据，文意亦费解。也许存疑待考为好。

2.《字典》字料断于 2007 年，此后又出现了相当数量的汉魏六朝碑刻，而且之前还有一些碑刻拓片漏收。其中还有部分异体字。因此还不能说《字典》就是汉魏六朝碑刻异体字的全部。尽管这不能说是作者疏漏，但毕竟仍有遗憾。据悉作者正在做《汉魏六朝碑刻校注补编》，我们盼望作者能在若干年以后出一个《字典》修订本，把新材料补进去，使之更加完善，这也是对中华书局的期盼。

（《汉魏六朝碑刻异体字典》，毛远明著，中华书局 2014 年 7 月，390 元）

中华书局出版《秋籁居忆旧》

成公亮口述，严晓星执笔，中华书局 2015 年 3 月，58 元

本书是当代古琴名家成公亮的回忆录，叙述自 20 世纪 40 年代至 60 年代中期的经历与耳目所接的当代中国社会，以及新中国艺术院校的师生们在艺术与政治中的选择，既是一位古琴家的回忆，也是新中国成长起来的一代音乐家经历的缩影。书末附录《人生就是一瞬间的过程——关于"口述"的对话》，可借以了解作者口述的初衷，以及 80 年代以来传承古琴艺术的经过。

（园 田）

诗人世界中的吟味
——谈《曹植传》

李 欣

　　诗之味，含英咀华，乃至唇齿噙香。这是一本浸透了诗味的历史人物传记，书中交织着逝去的情怀与当下的体验，还原了乱世诗人与枭雄的一生，再现出盛衰轮回中高昂的士气、洋溢的诗情与深沉的悲哀。

　　在建安时代，曹植是曹魏政权炙手可热的接班人候选，是文武双全、德才兼备的全才，是实践五言诗风骨情采合一的领航者。毫无疑问，曹植以英华之诗吟味出建安时代的悲欢离合，而获知曹植的一生，王玫先生的《曹植传》则是难能可贵的阅读版本。书中关于人物的真实丰富、酣畅淋漓的阅读体验，都在不同层面上展示出"独特的这一个"的存在。

　　全书围绕曹植的成长历程而展开，从童年庭训到青年受宠，再至中年流放，晚年思故国，曹植的一生在大起大落中印证乱世中的理想悲剧。作者以曹植的情感发展为主线，贯穿诸多历史事件的发展，勾连众多历史人物的身世浮沉，将三国时势的展演与落幕有机结合起来，不仅再现出一个栩栩如生的曹植，而且演绎了一个风云恣肆的时代。

依史为据，综合判断

人物传记譬如明镜，真实准确在先，要评判公允，生动易读，方能通过人物看时代，通过传记知得失，给传主以裁判，给后人以启迪。关于曹植的生平事迹以及曹植的评价问题，曾引起学界范围内的讨论，至今未形成统一的定论。本书的学术价值在于对史料进行较全面的梳理，依史为据，据事直书，在逻辑分析与综合判断的基础上，以尽可能还原历史。

其次，对一些学术界有争议的问题，比如曹植是否就国、奔父丧及始就国、在黄初初获罪情况，以及曹植作品写作时间等，作者在深入细致的考证推阐后，进行综合判断，并尽可能按人物的性格逻辑或事件的发展逻辑，用文学形式表现出来。

如封临淄侯后曹植是否就国这一问题，《三国志·魏志·陈思王传》云："建安十六年，封平原侯。十九年，徙封临淄侯。"徐公持先生认为曹植未去临淄就国，因为大量史料显示曹植在建安年间封侯后，战时则从军伍，平日则居于邺。而顾农先生根据邯郸淳《赠吴处玄诗》持相反的观点，顾先生认为这是邯郸淳离开临淄时告别友人的诗，诗中的"贤侯"意指临淄侯曹植，"瞻念我侯"表明邯郸淳离开临淄时，曹植还滞留在临淄。

作者联系建安十九年的政治环境，此时曹操东征孙权，并于次年西征张鲁，而曹丕则派驻孟津，刚修复的邺宫需要有个值得信任的人来守卫，临淄侯曹植留下守卫邺宫，既说明曹操对曹植的信任，又是曹操考察曹植统领大局能力的机会。又结合曹植《东征赋》与杨修《出征赋》，综合史料的分析与曹操的决策习惯，故而判断曹植并未去临淄就国。

再次，作者在依史为据、综合判断的基础上，设置一些虚构情节，既突出历史的叙事性，又丰富人物的性格发展历程。如"惊艳"、"司马门事件"等篇目中，作者虚构出曹植与甄氏从相识到相恋再到悲剧的故事情节。

学界有观点认为曹植与甄氏年龄悬殊，故不可能彼此相恋。而作者在处理这一问题时，并未渲染夸大二者之间的感情，采用情感的递进方式描绘两人朦胧美好的爱情。在突出人物在特定情境下的本能反应，选择最自然合理的情感表达方式，设置情感留白，给读者留下想象的空间。

初次相见，曹植对甄氏的印象是"比他想象的还要美"，"他难以想象，世间果真有文学作品中描写的那种美人。"在作者看来，这是一个青春期的少年对美的最初感知，况且甄氏在史书中是公认的美人。

建安时代是一个崇尚才能、诗文风流的时代，在此后几年的相处中，曹植与甄氏因共同的旨趣、相同的情感生发而逐渐惺惺相惜。曹植对甄氏渐生爱慕之情，一方面由于步入成年期，对爱情的体验更为成熟；另一方面是身为诗人追求美的天性，使得曹植难以放弃初遇的心动。甄氏对曹植的感情，一方面是欣赏善诗文的男子，倾慕其才华，这与当时的社会审美标准有密切的关系；另一方面是为曹植真挚专一的深情所打动，而此时曹丕已另寻新欢。

文学与历史的双重叙述方式

1932 年 7 月 25 日，张荫麟在《大公报》上发表《历史之美学价值》一文，他说："历史者，一宇宙的戏剧也。创造与毁灭之接踵而迭更。光明与黑暗之握吭而搏斗，一切文人之所虚构，歌台上所扮演，孰有轰烈庄严于是者耶？"

正是得以"宇宙的戏剧"的存在，中国的史传书写常常贯穿着强烈的叙事感与浓厚的审美意识。《左传》、《史记》、《三国志》等史书以文学与历史的双重叙述方式典范于后世，同时为传记小说提供学术价值与审美价值的双重标准。

文学偏爱眷恋历史，当二者靠拢时，由写意与写实所带来的紧张感容易产生相互排斥。本书的审美价值首先在于客服互斥性，完美掌握文学与历史的双重叙述方式。对史实的筛选、整理、识别、组织、想象和判断，最终以文学的形式体现于叙事话语与描写语言中，其特色主要体现在细致生动而又不失深度的性格分析，以及古雅飘逸的行文风格。

为了让曹植的个性更有立体感和多面化，作者在史实的基础上增添了故事性。史书语言词约意丰，古雅通达。为了便于大众读者阅读，作者把"意丰"转换成现代语境，透视曹植的灵魂，剖析他的内心世界，考察思想变化的轨迹，心灵深处的矛盾和痛苦。

在《父丧》一节，曹彰对曹植说："先王去世前召我来洛阳见他，这是他要立你为太子。"面对曹彰，作者采用电影场景中"画外音"的描述方式衬托出曹植当下所处的复杂环境。而为了表现曹植的性格，作者并未描写其矛盾复杂的思想斗争，只用了一句话："他几乎没有做任何思索，马上回到：'你没看到袁氏兄弟吗？'"

曹植的这句话不仅表达出自己的态度，同时也是警醒曹彰，而正是这种表达方式，使得曹植的形象立刻鲜明，"这说明他不仅有相当强的自制力，他还禀性仁厚，也是有胸怀的。因为他可以让"。作者以一"让"字评价曹植，"着眼于大局，着眼于未来，其人格的伟大也正在于斯"。

一部传记成为经典而传之后世，不仅在理论方法上具有科学性，还要在表述上具有独立鲜明的风格，具有文学艺术性，具有文学上的独立的价值。作者的行文风格尤为独特，简约古雅，而又博约温润，甚至叙述方式在音韵节奏上呈现一种低徊咏叹的味道。

在尾声《鱼山闻呗》一节，作者描写曹植晚年在鱼山的心境："其实什么都不曾存在，也不曾消失，惟有天风亘古吹拂着这片土地，春花秋蓬更换着季节的容颜。甚至梵呗并不留在风中，就像这个人世所有离合悲欢，在你的心里也只是一瞬。"语言流畅飘逸，表现出晚年曹植苍郁平淡的心态，直面死亡，体验死亡，把自己的生命投入诗歌的国度。

中华书局所出的此版《曹植传》无论在对于曹植与社会的联系上，还是在对于曹植与历史政治文化上的联系定位上，都有了极大的拓展。从而把曹植的人格与风格描绘得更丰厚更全面更真实，并且语言、结构、风格融为一体，不辨崖涘。这个拓展与作者的学术和思想的成熟有密切的关系。

作者常年致力于六朝山水诗文的研究，以女性视角为《曹植传》赋予独特的情感体验和深沉的生命体验。这种书写方式对于传记文学的写作来说是难能可贵的。能将史传赋予文学的色彩而以史为鉴，全是因了作者的诗情，诗人的情怀。从这个意义上说，本书也是作者作为一个诗人对另一位遥远的诗人的赞礼，是对建安时代的敬畏，对当下世界的吟味。

（《中华名人传——曹植传》，王玫著，中华书局 2012 年 8 月，38 元）

探赜索隐 守正出新
——《南齐时代的文学与思想》评介

杨　焄

　　童岭著《南齐时代的文学与思想》（中华书局 2013 年出版）是新近问世的一部深入探究六朝时期文学观念嬗变的力作。据《后记》中的介绍，其中内篇部分是著者在 2006 年完成的硕士论文，其馀外篇、杂篇以及附录部分则是在此之前为筹备论文所做的资料整理、考订和翻译工作。

　　留给读者印象最深的莫过于著者研究视角的独特。齐梁时期是整个六朝最有活力、最具魅力的时代，沈约《宋书·谢灵运传论》、刘勰《文心雕龙》、锺嵘《诗品》、萧统《文选》等垂范后世之作都出现在这一阶段。如果要研讨当时文学观念的发展，自然不能不聚焦于此。但著者却另辟蹊径，将研究对象设定为萧子显的《南齐书》，尝试着从史学家的立场而非文学家的角度来剖析南齐文学思想的特异之处；而与此同时，又时刻留意与上述各家撰著进行对照参证，以充分展示当时文学观念的多元复调状况。正是基于研究视角的调整，使得著者在研究方式上也呈现出以史为主、文史结合的特色，尤其注重对史书文献的广泛蒐集和深入研讨。这从书中所附几近全书三分之一篇幅的《南监本〈南齐书〉荻生徂徕批识辑考》就可见一斑。著者将日本江户时期的学者荻生徂徕所作《南齐书》批语辑为一编，并参酌相关资料逐一加以考校平议，不仅为其深入研究奠定了坚实基础，也为其他学者研读《南齐书》带来极大助益。在时下各学科专业分类日趋细化、彼此畛域分明的情况下，由古典文学专业出身的年轻学者来承担这样的工作，委实令人惊诧感佩。而正是凭借这种独特的视角，使得著者的文学研究也就自然而然地具有极为深切的历史感。例如萧子显《南齐书·文学传论》有"放言落纸，气韵天成"之说，尽管不少研究者都会提及同时期的谢赫在《古画品录》中也有"气韵生动"之论，但对两者的关联并无细致的疏解。本书著者则进一步考定《南齐书》成书时间在《古画品录》之前，故谢氏极有可能受到萧氏的影响，由此彰显后者的首创之功。又如著者别具慧眼地将萧子显所倡"不雅不俗，独中胸怀"与张融所言"师耳以心"相联系，来说明南齐诗坛上"师心"之风的兴盛，与此前"师古"之风形成鲜明对照。这样的研究就不仅仅停留在观念内涵的阐释之上，而是更进一步展现出其生成衍变的具体进程。

在全书的撰述体式方面，著者显然也经过一番仔细斟酌和精心选择。由于受到外来文化的渗透影响，近代以来的人文研究不仅在概念、术语的运用层面与传统之间发生了割裂，在思维模式、表达方法等层面更是和传统之间形成了巨大的落差。若不能对古今中西的传统予以比较参证以求其会通，而一味强古人以就我，势必造成鲁莽灭裂、支离比附，甚至标新立异、凿空议论的后果。有鉴于此，著者不仅在外篇《南齐书文学传论疏义稿》（甲编）中采取了传统的注疏笺证方式，对该篇逐字逐句加以疏解考订；即便是在内篇的主体部分，即在辨析南齐诗坛"三体"的过程中，其实也和外篇相似，大致依循着疏释诠解的方式而展开。

2015·书品 第一辑 | 067

著者在《疏义稿》中曾言其追摹仿效的对象是李善所注《宋书·谢灵运传论》，实则李注虽以详赡精审见称，但有时也不免释事忘意之讥。而著者在追索辞语事义源流之际，又时刻注意明其指要，综其归趣，因而既与李注一脉相承，又能有意识地弥补其缺憾。纵观近现代学术史上的一些传世之作，如刘师培《中国中古文学史》、黄侃《文心雕龙札记》、许文雨《文论讲疏》、程千帆《文论十笺》等，都曾不约而同地采取讲疏义解方式。在晚近以来欧风美雨日渐兴盛的背景之下，此类特立独行的述学文体也许显得有些格格不入，但就其实际效果而言，恐怕这才是最能还原文本、考索原意的正途。从学术渊源而言，由这些前辈学者所确立的著述体式以及蕴含其中的治学方法，对于本书著者的影响恐怕更为直接和具体。由于始终关注对文本原意的研讨，务求言必有据，因而其论述就显得格外平实切近，而无肤廓空泛之感。例如萧子显在述及南齐诗坛的第二体时认为"此则傅咸五经，应璩指事，虽不全似，可以类从"，著者敏锐地发现萧氏在此处的语气略带推测，并不像在论述第一体和第三体时那样坚定，由此深究下去，推断"这一差别不仅仅是来自五言诗创作方面，更多的还是魏晋士人和南朝士人在精神世界的相异性"。此外，不少现代研究者对于萧子显的溯源工作并不赞同，提出第二体的代表人物其实应该是颜延之、谢庄而非傅咸、应璩。著者并不认可这种看法，通过仔细勾稽同时以及后世的相关资料，并从《南齐书》中找寻内证，最终认定"颜延之等人只是第二体诗人的推衍群体之一，然而不是第二体的典范诗人"。这些意见的阐发都源于对古人秉持一份"了解之同情"，因而能抉隐阐幽，言人所未言。

即便研究对象是最为传统的人文学科，也应该具备国际性的视野，以便从各个不同的角度审视调整自己的研究。在这方面著者也充分展现出极为开阔的学术眼光，尽管书中并未单独开列参考文献，但从注释中所涉及的大量日韩欧美汉学研究成果中，不难发现其平日涉猎之广博、蓄积之丰厚。尽管有些注释在旁人看来稍显枝蔓繁芜，但对著者而言，这些相关成果实际上为其构筑起了一个极高的起点。著者在《后记》中曾提及在筹备论文的过程中，预设过一个水平颇高的假想敌——日本学者网祐次所著《中国中世文学研究：南齐永明时代を中心として》。从本书的相关研讨来看，著者确实在参考该书的基础上做了更加细致深入的针对性考察，或纠其偏颇，或补其疏漏。例如网祐次曾将萧子显对"谢灵运体"的论述笼统地归结为"谢灵运诗派"的整体特点；著者则仔细区别谢灵运本人和"谢灵运体"诗人，以求更准确地领会萧子显的本意。又如网祐次只讨论萧子显所论述的南齐诗坛第一体和第三体，对第二体并未予理会；著者则对这"缺席"的第二体详加考述。在研究古代文学思想的过程中，时常会遇到一些语意颇为含混的概念术语，令今人感到难以索解。著者也适时借鉴、参酌海外汉学家的研究，来提供新的理解途径。例如关于"神思"一词，本书在研讨中就介绍了施友忠、宇文所安和刘若愚的理解，并通过分析比较，认同刘若愚的处理方式。类似的例子在书中不一而足，都能够给有兴趣的读者提供必要的线索和可靠的指引。

当然，撰述时思虑再周密，也难免偶有疏失。比如著者指出"《文心雕龙·神思篇》对于《文选序》'沈思'一说有影响，两书互为阐发当为不虚之论"，进而认为"存在于'刘勰——萧统'文论传承关系之间，应该有一个过渡性的人物，他就是萧子显"，并强调"当我们研究萧子显的具体文学批评观时，前面刘勰《文心雕龙》以及后面萧统《文选》，无疑都为我们提供了极其重要的参考坐标"。所论颇中肯綮，却忘了提及日本学者户田浩晓在《文心雕龙研究》中早就有过相同的见解："《文选序》中的'沈思'，可以说是绾结在《文心雕龙·神思篇》和《南齐书·文学传论》同一条延长线上的。"如果再求全责备一下，读者兴许还会批评本书有些"文不对题"，至少也是"以偏概全"——毕竟全书的主体部分原本只是题作"萧子显及其文学批评"，书名改作现在的"南齐时代的文学与思想"，大概是为了尽量涵盖外篇、杂篇和附录的内容吧。不过著者早就在《后记》中坦言，在将少作付梓之前，"不欲删改或加注以踵事增华，从而'破坏'这份25岁前的少作原貌"，而从书中也常常能看到著者透露出部分未来的著译计划，因此我们不妨将这书名视作著者未来的一个整体研究规划，期待着其他相关的论著译作能够早日问世。

（《南齐时代的文学与思想》，南京大学中国诗学研究中心专刊第二辑，童岭著，中华书局 2013 年 10 月，48 元）

南京大学中国诗学研究中心专刊（第二辑）书目

《南齐时代的文学与思想》	童　岭 著	48 元
《从传统文人到现代学者——戏曲研究十四家》	苗怀明 著	49 元
《唱和诗词研究——以唐宋为中心》	巩本栋 著	46 元
《宋代诗话与诗学文献研究》	卞东波 著	72 元
《赋学：制度与批评》	许　结 著	49 元
《明末清初杜诗学研究》	刘重喜 著	95 元

《舆地志辑注》述评

李轶伦

我国地学著作的编撰至南北朝时期已蔚为大观,《隋书·经籍志》记载地理类著作共一百三十九部、一千四百三十二卷,基本反映了其唐以前的类型与规模,顾野王《舆地志》三十卷则是其中非常重要的一种。据《隋书·经籍志》载"陈时,顾野王抄撰众家之言,作《舆地志》",可知其书乃抄撰众家地理著作而成,可谓集大成之作。不但其编撰体例对后世总志的编纂具有相当的影响,其文字本身也多为后世地理类著作所引用。

然而,就是这样一部重要的地学著作,在唐末北宋初已经流传渐少,且最迟至南宋后期就已亡佚。就书目著录而言,自两《唐志》之后,只有《遂初堂书目》载有"梁顾野王《舆地记》"[1]。由此我们可以推断,其在北宋初年以后就流传极少,因为《旧唐志》与《新唐志》著录部分基本根据毋煚的《古今书录》,体现了盛唐

---

[1] [宋]尤袤:《遂初堂书目》,《宋元明清书目题跋丛刊》,(北京)中华书局,2006年,第486页。

时宫廷的藏书情况，而记录北宋宫廷藏书的《崇文总目》却没有著录；并且，其最迟至南宋末年就已经亡佚，尤袤著录的那一部，很有可能就是当时唯一存世的孤本。

虽然《舆地志》在宋代就已经流传渐少终至亡佚，然而《太平御览》、《太平寰宇记》、《建康实录》以至南宋以后的总志、方志等文献都征引了大量的《舆地志》的文字。唐代以后，类书的编纂愈发兴盛，类书之间辗转相抄的现象十分普遍，因此我们不仅在《初学记》、《太平御览》，甚至在《渊鉴类函》等更晚的清代文献中依然可以查找出一定数量的《舆地志》的佚文，吉光片羽，弥足珍贵。地理类著作也是如此。正是文献流传过程中的这种或直接或间接的抄撮现象，使得我们在千百年后从各种存世文献中辑出已经亡佚的古籍成了可能。

从《舆地志》亡佚直至清乾隆时期的数百年间，这部地学大著就是以这样一种辗转抄撮的形式在流传，而自王谟在乾隆年间编成《汉唐地理书钞》之后，《舆地志》第一次有了较为完整辑本。但是由于条件的限制，这个辑本无可避免地存在比较严重的漏辑、误辑的情况。王谟之后，再无重辑，因此也只有王辑本是《舆地志》惟一易得且可用的本子。可喜的是，上海古籍出版社2011年底出版了顾恒一教授的《舆地志辑注》（下文简称《辑注》），这是一部迄今为止最完整地收录顾野王《舆地志》佚文的著作，该书在王谟辑佚的基础上，依据百余种文献，共收录了佚文七百余条，可称完备。至此，自其亡佚以来，顾野王《舆地志》有了最为完整、精善的辑本，其对于当下学界而言是一项极有意义的学术成果。笔者在悉心阅读这部著作后，将其主要特点述之于下：

首先，引用文献相当完备。王谟辑本所依据的文献只有《初学记》、《史记注》（即张守节《史记正义》)、《文选注》、《太平御览》、《太平寰宇记》、《元和郡县图志》、《一统志》、《路史》、《岳阳风土记》、《闲窗括异录》十种，而据顾恒一教授在《前言》中所言："本书自一百三十余种古代文献中辑得《舆地志》佚文七百一十条。其中重核重录王谟非误辑非重辑三百一十七条，本书再补辑三百九十三条。"（1页）其所依据的文献数量是王谟的十三倍。对于那些王谟已经使用的文献，作者并没有完全舍弃，依然做了细致的审核，也发现了为王谟所漏辑的文字。如《路史》，王谟据之辑入两条，而《辑注》共辑入八条，较王氏多六条，可见一斑。此外，虽然《舆地志》最迟至南宋晚期已经亡佚，但是由于他书的辗转征引，在明代甚至清代的文献中还是可以存有其部分的文字，而《辑注》作者正是从明清的文献中辑出了大量前人未曾注意到的佚文。明代如《寰宇通志》、《嘉靖广东通志》、《嘉靖浙江通志》，清

代如《读史方舆纪要》、《渊鉴类函》、《雍正湖广通志》、《江南通志》，仅从这七部文献中作者就辑得了近七十条佚文。此外又从朝鲜时期《增补文献备考》中辑得佚文八条，这也是此前学者从未注意到的。

其次，详记出处，便于检核。记载佚文出处是现代辑佚的规范。王谟辑本只是在辑自某书的最后一条佚文末尾记载以上并出自某书，不仅不便观览，不注卷数也给核查原文带来极大不便。《辑注》则在每一条佚文的末尾详细注明辑自某书某卷，而更为难能可贵的是，对于不止见载于一书的佚文，作者均一一标注书名卷数，这种处理方法极大地便利了读者，使得读者可以方便地比较《舆地志》佚文在不同文献中的文字差异，这也提升了《辑注》自身的学术价值。如卷十四"罗洲"条，王谟据《太平御览》卷六九辑入，《辑注》沿袭王谟辑文，作：

伍子胥叛楚出关，于江上见渔夫，求渡，时傍多人。渔父歌曰："灼灼兮侵己私，与子期兮芦之漪。"子胥既渡，解百金之剑与渔父。渔父曰："楚购子，粟五万，爵执圭，岂百金之剑乎？"子胥曰："勿令其露。"渔父知意，遂覆舟而死。其处是罗洲，水路去州一百九十里。（122 页）

《辑注》同时注明此段文字亦见《太平寰宇记》卷一一二，然后半段却与《御览》所引多有不同，曰：

> ……渔父曰："楚购子，粟五万，爵执圭，岂百金之剑乎？"子胥行未数步，回顾渔父已覆舟而死。[1]

乍看之下，似乎前者文字优于后者，然《越绝书》卷一载此事曰：

渔者曰："吾闻荆平王有令曰：'得伍子胥者，购之千金。'今吾不欲得荆平王之千金，何以百金之剑为？"渔者渡於于斧之津，乃发其箪饭，清其壶浆而食，曰："亟食而去，毋令追者及子也。"子胥曰："诺。"子胥食已而去，顾谓渔者曰："掩尔壶浆，无令之露。"渔者曰："诺。"子胥行，即覆船，挟匕首自刎而死江水之中，明无泄也。[2]

则子胥令渔父勿露者为壶浆，而《御览》引《舆地志》文则所指不明，当为节抄他书时而产生的错误。可见《寰宇记》的文字更加可信。又如卷十五"石兰山"条：

> 石兰山，旁入太湖。晋李颙《涉湖诗》云："旋经义

---

[1]　[宋]乐史撰，王文楚等点校：《太平寰宇记》，（北京）中华书局，2007 年，第 2283 页。
[2]　李步嘉校释：《越绝书校释》卷 1，（北京）中华书局，2013 年，第 18 页。

兴境，弭弥棹石兰渚。"二山连亘，南曰大兰山，北曰小兰山，多产兰花。①

据《咸淳毗陵志》卷一五辑入，注又见《太平寰宇记》卷九二、《舆地纪胜》卷六，《寰宇记》引作：

> 石兰山，斗入太湖五里。有两岸，南曰大兰山，北曰小兰山，相连二里。②

无李诗，《舆地纪胜》卷六引同，当抄自《寰宇记》。《毗陵志》修于南宋，晚于《寰宇记》，则当以《寰宇记》所引为是，《毗陵志》虽言引《舆地志》文，然作者之言已然掺入其间。可见，当一条佚文有多个出处时，原则上应该根据最早的那部辑出，尤其是在文字差异较大的情况下，因为后出的文献很有可能会掺入其他的文字，从而导致所辑佚文不善。

再次，注释广征博引，间附按语考证。《舆地志》的佚文，大多数都是数十字甚至数字的残章断简，因此只看所辑文字，往往不知所云。如《辑注》卷十二"棘城"条："棘，有戟里。"只有短短四字，为便于读者参考，作者不但在注释中援引了《魏书·地形志》、《晋书·地理志》、《路史》、《太平寰宇记》等，还在最后下按语曰："棘通戟，《左传》隐公十一年：'子都拔棘以逐之。'《路史》引作戟里亭，《寰宇记》引作棘亭，《方舆纪要》引作棘里亭。"（95页）解释了诸书称名不同的原因，其考证基本是可信的。

可以看出，《辑注》是一部具有较高学术价值的著作。然而智者千虑，其本身也存在一些问题，白璧微瑕，在所难免。首先，作者没有充分吸收前人的研究成果。

---

① 《太平寰宇记》，第238页。
② 同上书，第1847页。

在《辑注》新辑得的三百九十三条佚文中，张勋燎教授、张可辉博士已经辑出了其中的一部分，《辑注》对此并未充分吸收。张勋燎教授的辑佚成果体现在《顾野王〈舆地志〉王谟辑本校补》[①]及《读献札记》[②]二文中。前文首先概述了《舆地志》一书以及王谟辑本的功绩与存在的问题，其次根据《建康实录》、《太平寰宇记》、《六朝事迹编类》、《淳祐临安志》、《严州图经》、《嘉定镇江志》、《舆地纪胜》等书辑得佚文共计一百五十条，其中二十七条存疑，因其所见称引之名或作《地志》、或作《舆地记》，为谨慎起见，故与被明确称做《舆地志》者有所区别。后文为作者的读书札记，其中第十二节名为《张澍〈诸葛亮集〉中的〈舆地志〉引文》，共辑得佚文六条。张可辉博士的成果为《〈六朝事迹编类〉与〈舆地志〉辑佚》[③]与《〈景定建康志〉与〈丹阳记〉、〈舆地志〉的辑佚》[④]二文，作者据《六朝事迹编类》及《景定建康志》共辑得佚文十九条。二人共辑佚文一百六十九条，占《辑注》新辑条目近一半。《辑注》作者没有注意到这部分成果，不符合当前的学术规范。同时，对于某些存在疑问、前人已作辨析的条目，《辑注》也一概收录，没有参考前人的考辨成果。如清张澍《诸葛亮集》中所载《舆地志》文六条，张勋燎教授认为尚不能断定是顾野王的原文，因为这些条目中出现了唐宋之后的地名。古人在引用前代著作的时候，往往将古书中的地名改换为引用者时代的名称，在今天的辑佚工作中，应该点出这种不同，作为一种补充，为将来系统整理顾野

---

① 张勋燎：《古文献论丛》，（成都）巴蜀书社，1988年，第120～159页。
② 同上书，第439～482页。
③ 张可辉：《〈六朝事迹编类〉与〈舆地志〉辑佚》，《南京理工大学学报》（社会科学版），2010年第5期，第31～34页。
④ 张可辉：《〈景定建康志〉与〈丹阳记〉、〈舆地志〉的辑佚》，《南京晓庄学院学报》，2009年第4期，第95～101页。

王《舆地志》提供线索，这是比较合适的做法。然而，《辑注》一书将这六条文字全部辑入，未作任何考辨，实在有失谨慎。又如《辑注》卷十五"宣武城"条，据《太平寰宇记》卷九〇辑入，并注《舆地纪胜》卷一七亦载，貌似二者文字大略相同，实则相差甚大。张勋燎教授在辑录这条文字的时候已经注意到这一点，并判断当以《纪胜》所引文字为是，《辑注》则只是注明了亦见于《纪胜》，其文字差异若不核原书则无从得知。其实，《辑注》作者已经注意到同一条目在不同文献中存在文字差异这一点，也在很多条目后注明了这些差异，然而百虑一失。如果可以吸收张勋燎教授的成果，那么是完全可以避免这种失误的。

其次，《辑注》中也存在一定的错辑的条目。其中有的是承袭了王谟的错误没有改正，如卷十四"义阳三关"条，辑文作：

> 义阳有三关之险，谓平靖等关是也。其武阳、黄岘二关，在安陆郡应山县界，北接陈、汝，控带许、洛、宋、齐以来，尝为边镇。（129 页）

王谟辑本同，盖据《太平寰宇记》卷一三二辑入，《寰宇记》云：

> 宋武以晋义熙中北平关、洛，河南底定，复置司州于虎牢。少帝景平初复陷。百姓南出，多依荆、豫之界。文帝元嘉末立司州于汝南悬瓠，寻亦废省。是岁于北义阳复立司州，齐因之。故《舆地志》云"义阳有三关之险"，谓平靖等关是也。其武阳、黄岘二关，在安陆郡应山县界，北接陈、汝，控带许、洛、宋、齐以来，尝为边镇。①

① 《太平寰宇记》，第 2600 页。

详其文意，自"谓平靖等关"以下均为《太平寰宇记》的文字，《太平御览》卷一六九即载：

> 《舆地志》曰："义阳有三关之险。"《十道志》曰："三关谓平靖关，其一也，武阳、黄岘二关在安州应山县界。"[1]

可证。又如卷十五"曲阿酒"条：

> 曲阿出名酒，醇列，后湖水所酿也。故朱彬诗："暂入新丰市，犹闻旧酒香。"梁武帝《舆驾东行记》有覆船山、酒罂山、高骊山。传云昔高骊女来此，东海神乘船致酒聘之，女不肯。海神拨船覆酒，流入曲阿，故酒美。（255 页）

据《至顺镇江志》卷四辑入，然朱彬为唐大历间诗人，《舆地志》不当引朱彬之诗。《太平寰宇记》卷八九载：

> 梁武帝《舆驾东行记》云："自覆船山、洒罂山，南次高骊山。传云：昔高骊国女来此，东海神乘船致酒礼聘之，女不肯，海神拨船覆酒，流入曲阿湖，故曲阿酒美也。"[2]

与本条后段基本相同，可证《镇江志》自"故朱彬诗"以下均非《舆地志》文。此外又如卷十五"蔡洲"、"张公洲"、"加子洲"三条，亦沿袭王谟辑本之误，将《丹阳记》文辑作《舆地志》文。

《辑注》新辑条目中亦有误辑者。如卷五"平卢水"条，据《太平寰宇记》卷七一辑入，辑文作"平卢〔水〕，今语讹为彭卢水"（59 页）。今核以《寰宇记》，云：

---

① ［宋］李昉等著：《太平御览》，（北京）中华书局，1992 年，第 824 页。
② 《太平寰宇记》，第 1759 页。

彭卢水，一名卢河水，即唐龙水也。《后魏舆地风土记》云："水至徒河入海，与地平，故日平卢，今语讹为彭卢水。[1]

解释了称唐龙水为平卢水乃是由于水至徒河入海的时候与地面相平，其意甚明，当为《后魏舆地风土记》中文字，而《辑注》却在本条辑文之后注云"此条……据《寰宇记》四库本。其《舆地志》，《寰宇记》点校本作'与地平'，其'平'字盖'志'字之误"（60 页），可见是由于依据了四库本而误将他书文字当作《舆地志》佚文。《太平寰宇记》的点校本已经出版，如果可以参考并吸收这个成果，像这样的错误是完全可以避免的。又如卷十五"青溪"条（第 290 条）："凿东渠，名青溪，通城北。堑潮沟，泄玄武湖水。

南流接于秦淮。"（183 ～ 184 页）乃据杨晨《三国会要》辑入，《会要》注据《景定建康志》引《舆地志》。而今《景定建康志》中并无此条文字，而在卷一八有"青溪，吴大帝赤乌四年凿东渠，名青溪，通城北。堑潮沟，阔五丈，深八尺，以洩玄武湖水。发源钟山，而南流经京，出今青溪闸口，接于秦淮"一段，注引自"旧志"[2]，可见《会要》文盖节录于此，又误记"旧志"为"舆地志"。又如同卷"台城"条（第 225 条）："台城周八里，有墙两重，咸和七年宫城，新宫内外殿宇大小凡三千五百间。"（152 页）注引自罗宗真《六朝考古》。罗氏确实注明这段文字引自《舆地志》[3]，然而笔者遍查群书，踪迹全无，只有《景定建康志》卷二一考证引《实录》云："新宫，即台城也，在江宁县北五里，周八里，有墙两重……

① 《太平寰宇记》，第 1434 页。
② ［宋］马光祖修，周应合纂：《景定建康志》，《宋元方志丛刊》，（北京）中华书局，1990 年，第 1593 ～ 1594 页。
③ 罗宗真：《六朝考古》第二章第四节，（南京）南京大学出版社，1994 年，第 30 页。

咸和六年，使卞彬营治。七年，新宫成……新宫内外殿宇大小凡三千五百间。"①可见罗氏所谓引文乃据《建康志》节录，又误记出自《舆地志》。我们知道，《舆地志》最迟至南宋末年已经亡佚，如果在晚清甚至现代人的著作中存在佚文，且又无从查考其出处的情况下，就要极其谨慎，因为这很可能出于作者的误记，而不加考辨遽而辑入就会沿袭这一讹误。

辑佚是一项细致且需谨慎对待的工作，稍有不慎就会造成漏辑、误辑等错误，影响辑佚著作整体的学术水平。不但要充分吸收前人的辑佚成果，还要对这些前人已经辑得的条目做深入的考辨，去伪存真；其次，扩大搜集范围，尤其是方志、域外汉籍等较少为前人所关注的文献；再次，在一条佚文有多个出处的情况下，应尽量选择最早的那部作为辑佚的来源。第四，出现时代较晚且无从考察出处的文字，不可不加辨析直接辑入，而对于一条文字中可能掺入的非本书内容部分，也要细加考辨、剔除。

（《舆地志辑注》，顾野王著，顾恒一、顾德明、顾久雄辑注，上海古籍出版社2011 年11 月，48 元）

---

① 《建康实录》，第 1636～1637 页。

深造自得抒己见
——读《从孔融到陶渊明——汉末三国两晋文学史论衡》

曹明升

　　在中国文学史上，从汉末到东晋是一段很有特色的时期。其间战乱频仍，朝代迭更，瘟疫流行，民生凋敝，文人死于非命者屡见不鲜，幸存者亦多感彷徨、无助与痛苦。而能纾解苦闷、浇消块垒者，惟酒与药及诗文耳。所以这一时期的文学，在文人的苦难与挣扎中放出一段异样的光彩。当文学明显疏离政教，主要用于抒写个人情怀时，其在艺术上的表现恰是真力弥满、风骨俊朗。不管是建安的慷慨之气、正始的玄远之音，还是西晋的绮靡之风、东晋的风流之态，都标示了这一时期文学的独特面貌与艺术高度。当然，这并不是说这一时期的文学成就要比别的时期更高，但就文学个性而言，肯定属于最突出之列。所以，从上个世纪初期刘师培、鲁迅开始，一些深具眼光的学者便被吸引到这一段文学的研究中来，其后罗根泽、萧涤非、王瑶，直至曹道衡、王运熙、罗宗强、刘跃进等诸多名家，都从各自的视角出发，通过扎实的学术工作，将这一段文学的研究推向前所未有的高度。到达一个高度以后，学术研究很容易进入"瓶颈"，因为重要的作家、作品以及文人群体、文学事件都已被说过，在没有新材料出现的情况下，似乎很难再往前推进。这时就非常需有新的眼光来重新解读这段文学。通过还原历史场景来获得对文学史实的深切认知，通过剥蕉见心的方法求得与诗人的内心对话，通过坚实的研究工作来修正那些似是而非的陈说，研究者惟有在长期研思的基础上独抒己见，才能真正实现学术创新。顾农先生新著《从孔融到陶渊明——汉末三国两晋文学史论衡》（凤凰出版社 2013 年 4 月版，下文简称为"顾著"）在这方面值得关注。

研究者的"独抒己见"通常有两种情形：一种是对一个谁也没有研究过的命题发表看法，一种是对大家都习以为常的观点发表不同的见解。前者就像在一块空地上插上一面自己的旗帜，后者则好比剥开层累的岩石，露出历史的本来面貌。在汉末、三国、两晋的重要话题基本都被说过，新的旗帜似难再立的情形下，作者在新著中的"独抒己见"以后者为主，其中对嵇康形象的复原便是一个典型。说到嵇康，很多人脑海中会浮现出一位对抗司马氏集团的政治硬汉形象。这种形象的树立根源于这样一种历史逻辑：司马氏父子准备篡魏，却又要以舜、禹来美化自己，而身为曹魏族婿的嵇康在《与山巨源绝交书》中以"非汤武而薄周孔"来高调抨击他们，因而被杀。这种观念广为流传，尤其是鲁迅先生于 1927 年 7 月在广州发表题为《魏晋风度及文章与药及酒之关系》的著名演讲，讲到嵇康时也持此论，这便基本成为定论。而作者从鲁迅写给老朋友陈浚的信中发现，鲁迅那次在广州作魏晋之事的演讲，"盖实有慨而言"。也就是说，鲁迅作演讲时的语境不完全是在谈学术问题，也有若干别有怀抱的议论在内。如果脱离当时的语境而照搬鲁迅的话语并加以发挥，显然是食而不化。那么嵇康到底是个什么样的人？顾著从基本史料与嵇康的作品出发，认为嵇康本质上是一位相信神仙道教的隐士，只是希望过一种高雅脱俗、远离政治的优游生活。他在高平陵政变前后一直保持着基本相同的生活方式与态度。但是时局变了，司马氏要求文人们站队表态，嵇康却不以为意，所以他很容易被认为具有持不同政见、拒不与当局合作的色彩。至于嵇康之死，顾著认为是一个偶然性很强的事件。嵇康原本只是掺合进了吕安的家事，但吕安在流放途中莫名其妙地给他写了一封慷慨激昂的政论信件，不仅把自己塑造成一个政治犯的样子，还把嵇康也拉了进去。这正好为钟会所利用，将与其有私仇的嵇康送上了断头台。事实上，从当权者的大局利益来讲，这样的名士完全不必杀，而且司马昭很有些容人的雅量，不随便杀害文士，所以他在匆匆杀了嵇康之后甚是后悔。由此可见，嵇康之死绝不是由那篇《与山巨源绝交书》导致的。这样的话就很容易理解嵇康在狱中所写的《幽愤诗》、《述志诗》为何会有些低眉顺眼、自责自悔了，因为嵇康原本就不是想象中的政治硬汉。过惯高雅自由生活的嵇康，入狱后有些软化甚至是乞求，都是可以理解的，只不过是我们习惯了简单的两分思维，不愿直面复杂的人性与惨淡的历史罢了。为了彻底说清这个问题，顾著还梳理了嵇康形象的接受过程，发现一直到唐人在谈到嵇康之死时，几乎没有人将其与政治问题挂钩。他们距离嵇康时代较近，他们的观念与顾著中的观点相贴近，说明作者的观点是比较接近历史真实的。嵇康的政治斗士形象其实是在宋人的评论中建立起来的。宋代党争非常激烈，文人士大夫看古人之事也喜欢从政治斗争着眼，其中虽不乏真知灼见，有时则难免牵古人以就一己之范围。"司马氏父子方放弑攘窃，踵武操、丕，厌然自以为舜、禹，康乃非薄汤、武，谓皆以臣弑君，揭触所忌，其能免乎？"（郝经《续后汉书狂士传赞》）这种看起来非常顺乎逻辑的论调，使得嵇康在后人心中越来越成为一位不惧强权的政治斗士；一旦读到其入狱以后的诗中有畏死妥协之态，就只能简单而不负责任地斥为"伪作"了。学术研究中的逻辑建构是需要的，但这种建构必须要统合所有史实，不能遇到不符合建构者逻辑的史料便置之不理或径直斥为伪作。作者通过对嵇康的全面研究，跳出了传统的话语路径，剥开了层累在嵇康身上的政治硬汉形象，还原出一个养性服食、弹琴吟诗、高谈玄理、潇洒出尘的真实的隐士面目。这种建立在史诗互证基础上的观点是令人信服的。当然，很多似是而非的观点，尤其是那些看起来还很有逻辑性的论调往往会先入为主，所以要破除陈说非常不易。读者可仔细玩味顾著中的观点与论证。

一般的研究者若能以史诗互证的方法来揭示作品的起因，还原历史的场景，已经非常难得，但这还不能完全揭示诗歌的丰富内涵，诗人的内心要比外在的信息复杂得多。这就需要研究者在史诗互证的基础上进入诗人的内心世界，将诗人的心灵重现在读者面前。例如东晋最著名的陶渊明，他和他的作品就是一个复杂的存在。顾著通过细致入微地解读陶诗，带领读者探访陶渊明的内心世界。在以往的陶渊明研究中，关于陶氏逃禄归耕的原因，一般归结为晋宋易代、政局险恶，所以他要及早抽身；还有说他痛恨官场，不愿为五斗米折腰，因而挂冠而去。这些外在因素对陶渊明的最终归隐确实起到一定的作用，但作者从陶诗中寻绎出，他的归隐并不完全是政治性的退避，更有其内心深处的原因——摆脱束缚，回归自然，获得自由。陶渊明早期在为大济苍生的志向而奔走仕进时，经常会在诗中流露"目倦川涂异，心念山泽居"（《始作镇军参军经曲阿作》）的归隐情思；而当其隐居山泽时，却又会表现出"耕种有时息，行者无问津"（《癸卯岁始春怀古田舍》）这样急于出山的愿望。真的是处江湖之远而心怀魏阙，居庙堂之高又魂系故园。顾著认为，这种诗与行之间的矛盾折射出的是诗人内心的焦虑与人格的分裂，表明此时的陶渊明还未找到可以安身立命的基点，美好的理想境界还在遥远的彼岸。这种分析是符合诗人成长轨迹与心路历程的。到后来，陶渊明清楚地认识到自己"质性自然，非矫厉所得"（《归去来兮辞·序》），终于选择了真正的归隐，回归淳朴的园田、真拙的本性以及自由自在的精神家园。明乎此，我们才能真正体会到诗人那种"久在樊笼里，复得返自然"（《归园田居》其一）的欣然之情与"衣沾不足惜，但使愿无违"（其三）的超然之得。在对《饮酒》、《归园田居》、《桃花源记并诗》等作品的解读中，顾著指出，陶渊明在正式归隐以后，其思想进入了新的境界，基本上克服了内心的困惑与人格上的分裂，因此能够心平气和，从容不迫；但其内心深处却又面临着两个新问题：不问政治与关心政治的矛盾，以及所谓"忠愤"与"卷舒"的矛盾。在归隐之初，陶渊明还没有完全忘却世事，后来也写过若干与政治有关的诗，只不过十分隐晦罢了。而对于刘宋取代东晋这一政治上的巨大变动，陶渊明是持保守态度的，但他又能够与刘宋官员卷舒容与，全身于东篱北牖之间。虽然陶渊明开创了一种与孙登、嵇康等人截然不同的田园化的心隐模式，但他毕竟不是不食人间烟火的仙人，心中产生这样或那样的矛盾，正说明这是一个真实的陶渊明。作者以细腻的解读，披文入情，直击诗心，揭示出诗人真实而丰富的内心世界。陶渊明若有知，定会与这位千百年后还能探得其内心真意者相视一笑。事实上，文学研究本来就应以对作品的感动与感发为基础，以探究诗人的内心世界为主要任务。所有的训诂、考证都是"为了扫除外在的隔膜，以便呈露内在的实质"（程千帆《答人问治诗》）。作者通过对陶诗的长期涵咏，真正进入了陶渊明的内心世界，又能够出乎其外，予以评析与揭示。这种扫除外围以后直抉诗心的研究案例，可谓与传记式、考证式路径的文学研究迥异其趣。

再如对阮籍《咏怀诗》的解读。在很长时期里，许多人想当然地将《咏怀诗》看成是阮籍在高平陵政变之后创作的，因而联系司马氏的政局来推测诗歌的内容，就此认为阮籍是反对司马氏的，至少也是充满不得已之情绪。这种臆说恰恰与现存阮籍的生平资料发生矛盾，无法自圆其说。顾著认为，只有认清《咏怀诗》作于政变之前，才能正确理解诗中的苦闷有很多是来自诗人身处两股政治势力之间的忧心忡忡与无可奈何；并且进一步指出，《咏怀诗》的包容性很广，不完全是政治形势的投影，其中有些篇章反映的是阮籍内心深处有关人生苦短、神仙难求这样最基本的矛盾。这样的作品不是单单以史诗互证就能解决全部问题的，而要由作品去进入诗人的内心世界，去寻求与诗人之间异代相通的心灵感应。这正是作者一以贯之的治学方法，也是其能破陈除翳、独抒新见的重要原因。

顾著对陆机在玄言诗上的开拓性贡献的分析，对谢混在玄言诗与山水诗过渡之间的破旧之功的揭示等等，都可谓新人耳目，切中肯綮；即使像对蔡琰《胡笳十八拍》、《悲愤诗》之真伪问题的考订，虽然一时还不能成为定论，但从文学本体层面对这两首诗进行研究，这种思路就给人很大启发。

限于篇幅，本文不再列举书中新见，还想说一点的是顾著的语言。现在有些学术论文，不知是"高古"，还是与"国际接轨"，令读者如服苦役，劳心伤神。而作者却能用通脱自然的语言来表达入木三分的道理。例如第一章中对祢衡及其《鹦鹉赋》的分析，说："任何事情做过了头都可能导致虚伪。表面上不逾规矩的方正之士中固然可能暗藏着若干伪君子，而任情遂性的风流名士中很可能也不乏伪士。在祢衡自以为老子天下第一或第二的狂放中，显然也不无演戏或作秀的成分，并不完全出于本色——而他的特色恰恰便在于此。"又说："大约祢衡待人处世完全以别人对他的态度为主要依据，说到底他所担忧的并非天下国家，而是

（下转第14页）

文不尚虚，语惟从俗
——"历朝通俗演义"编辑札记

杨　帆

　　100 年前的中国正处于国事维艰、风云变幻的多事之秋，满怀救国救民理想的蔡东藩蛰居在浙江萧山临浦镇的临江书舍，开始了卷帙庞大的"历朝通俗演义"的创作。

　　蔡东藩（1877 ～ 1945），名郕，字椿寿，号东藩，著作署名亦作东帆或东颿，是中国近现代著名历史演义小说家和史学家，他被称为"中国近现代历史小说史上'正史演义'创作的集大成者"[①]。蔡东藩是一位饱读儒学的教书先生，是一位经过传统的治学方法严格训练的学者，也是一位曾渴望通过科举施展抱负，实现"清官救国"理想的知识分子，但是作为一介寒儒，他正直不阿，屡屡碰壁于腐败的封建官场，于是称病归里。当时知识界"教育救国"、"小说救国"的呼声日高，蔡东藩秉持"教育为救国第一要义"的理念，或著述或修订了多部教育著作，比如《中等新论说文范》(1911 年秋)、《高等小学论说文范》(1912 年春)、《国

[①]　范伯群《中国近现代通俗文学史》，江苏教育出版社 2000 年版，80 页。

文新范》(1914 年夏)等等；同时他也渐渐萌发了"演义救国"的理想。

所谓"演义"，《现代汉语词典》的义项有二：一作动词，敷陈义理而加以引申；一作名词，以一定的历史事迹为背景，以史书及传说的材料为基础，增添一些细节，用章回体写成的小说。"演义"最早大概见于《后汉书·周党传》："党等文不能演义，武不能死君，钓采华名，庶几三公之位。"以"演义"为书名的作品在历史上有阐发六经之义、注诗解诗、考证名物等等类型。罗贯中将陈寿的《三国志》通俗化为《三国演义》，以后"历史演义小说"应时而生，一发不可收拾[①]。

凭着深厚的史学素养、扎实的文字功底、严谨的治学态度和热切的救国理念，蔡东藩历十年寒暑，用 600 余万言的煌煌巨著，记述了上起秦始皇、下迄民国（1920 年）的 2166 年间中国发生的重大历史事件和重要历史人物。"历朝通俗演义"按著述时序为《清史演义》(1916 年)、《元史演义》(1920 年)、《明史演义》(1920 年)、《民国演义》(1921 年)、《宋史演义》(1922 年)、《唐史演义》(1922 年)、《五代史演义》(1923 年)、《南北史演义》(1924 年)、《两晋演义》(1924 年)、《前汉演义》(1925 年)、《后汉演义》(1926 年)。以上 11 部书初版由上海会文堂新记书局印行，全套均为有光纸石印插图本。1935 年该书局把这套书连同许廑父续写的《民国演义》后四十回，全部改排为铅印本再次出版，分装 44 册，总书名为"古今通俗演义"。

百年来"历朝通俗演义"一版再版，名称也历经"历朝通俗演义"、"古今通俗演义"、"二十四通俗演义"、"中国历代通俗演义"、"中国历代演义"、"中国历史通俗演义"等等不同称谓的嬗变。[②]这套书之所以

① 刘桂梅《历史演义小说与蔡东藩》，载《榆林学院学报》2013 年 5 月第 23 卷第 3 期第 42 页。
② 陈志根《蔡东藩＜中国历代通俗演义＞版本源流述论》，载《史林》2005 年第 3 期第 121～122 页。

被各个时期的读者所喜爱，经久不衰，与其自身的创作特色和独特的传播价值密不可分。

一、剖析"历朝通俗演义"的几点特色

（一）史料选取兼收严择，以正史记载为主，出于稗史轶闻者必有旁证。

"历朝通俗演义"采用了历史演义小说的章回体体裁，继承了这类小说的叙事体例，在结构上将全书划分为若干回，分回标目；情节上，每回都有一个相对完整的故事情节，回与回之间内容具有连贯性；语言上以白话散文为主，夹杂韵文，每回回目都是对偶句式。但从创作的宗旨来看，蔡东藩作为一位史学家，他以"求真""求实"为出发点，承继了正史秉笔"直录"的精神。

在最早成书的《清史演义》"自序"中，蔡东藩提到了"良小说"、"搜讨"、"考证"、"核实"、"求真"几个关键词，这乃是作者创作的"自觉"。比之深奥的史籍，历史演义小说易知易解，"良小说"对普及历史知识所起的作用不容小觑；而"搜讨"、"考证"、"核实"、"求真"这一系列极为严谨，讲求考据的文献使用方法向我们显示的不仅仅是作者严肃的创作态度，更彰显了其创作历史演义小说的原则，不是《三国演义》般的"七实三虚"，更不是真假参半，而是追求一种材料运用上的"唯真"。《唐史演义》"自序"中，蔡东藩更是言明了整部"历朝通俗演义"的创作宗旨——以正史为经，务求确凿，以轶闻为纬，不尚虚诬。

简言之，"历朝通俗演义"是一部援古证今，借史事以讽世的以正史为题材的"正史演义"。

（二）独创自批自注的历史演义小说体例，体现了作者的史识与史才。

所谓"史识"，指对历史判断方面的真知灼见；所谓"史才"，指掌握、剪裁史料以及叙事、表达能力。[1]

蔡东藩于书中采用小字夹注夹批，仿效了史著正文夹注的刊刻形式，而其新人耳目之处在于独创了一套自书自注自批的体例。刘勰曾在《文心雕龙·论说》篇中把"主解"之"注"作为论体的一种，并说"要约明畅，可为式矣"，意即文字简要，意义明显，可以作为注释的规范。"历朝通俗演义"的注文本身和所注之文均为蔡东藩一人所作，主客体的统一性使得正文和批注读来有一气呵成之感，自是旁人批注无法达成。在这部丛书中，自批自注对正文的叙述大致起到了解字句、补缺漏、备诸说、正谬误、置褒贬的作用。进一步梳理文本，我们会体察到注释和夹批的不同功用。

1. 对自注的梳理：

（1）对正文中出现的人物、名号，历史事件发生的时间，古代的地理、器物、制度等等加以通俗的解释。

> 嵩笑答道："侯嬴长守贱业，侯嬴，系战国时魏人，年七十，为大梁门卒，信陵君闻名，往聘，嬴不肯起。晨门自愿抱关，见《论语》。"
>
> （见《后汉演义》第二十六回）

这是对历史人物及其事迹的解释。

---

① 龙剑平《蔡东藩〈后汉演义〉研究》，中国古典文献学硕士学位论文。

　　莽亦没法相救，但披着绀服，_{青赤色为绀。}佩着玺绂，手持虞帝匕首，令天文郎持栻在前，_{栻即近时星盘之类。}

（见《后汉演义》第六回）

这是对服饰、器物的解释。

　　先是宋初官制，多承唐旧，但亦间有异同。三师_{太师、太傅、太保，}三公_{太尉、司徒、司空。}不常置……他如三省_{、尚书令、侍中、中书令。}六部、_{吏、户、礼、兵、刑、工。}九寺_{、太常、宗正、光禄、卫尉、太仆、大理、鸿胪、司农、太府。}六监_{国子、少府、将作、军器、都水、司天。}等，往往由他官兼摄，不设专官。

（见《宋史演义》第四十一回）

这是对官制的解读。

(2) 注明正文所叙之事的材料来源。

　　相传朱温生时，所居屋上，有红光上腾霄汉，里人相顾惊骇，同声呼号道："朱家火起了！"……但说朱家新生一个孩儿，此外毫无怪异，大家喧嚷道："我等明明见有红光，为何到了此地，反无光焰。莫非此儿生后，将来大要发迹，所以有此异征哩！"_{说本《旧五代史·梁太祖本纪》。盗贼得为帝王，也应该有此怪象。}

（见《五代史演义》第一回）

(3) 对同一人物或事件说法不一，难以择从，便诸说并置。或正史与稗史轶闻的记载有出入，作者择善而从，于注中加以解释说明。

　　元璋即偕彭大趋出，临行时又回顾德崖道："君与主帅同时举义，素称莫逆，如何误听蜚言，自相戕贼？"又语赵均用道："天下方乱，群雄角逐，君既投奔至此，全靠同心协力，共图大举，方可策功立名，愿此后休作此想！"言已，拱手而别。前硬后软，妙有权术。弄得孙赵两人，神色惭沮，反彼此互怨一番，作为罢论。此事悉本《太祖本纪》。惟《本纪》叙此事，在濠未被围之前，而谷著《纪事本末》，则言此事在被围之时，且事实间有异处，本编互参两书，以便折衷。

（见《明史演义》第二回）

2. 对夹批的梳理：

（1）点评人物、世事，直抒己见。

基答道："御敌当权缓急，用兵贵有次序，张士诚一自守虏，尚不足虑，陈友谅劫主称兵，地据上游，无日忘金陵，应先用全力，除了此害。陈氏灭，张氏势孤，一举可定。然后北向中原，造成王业，明公曾亦设此想么？"确是坐言起行之计，不比前文进谒之士，专务泛论，无裨军谋。

（见《明史演义》第九回）

寥寥几笔便刻画了刘基运筹帷幄、足智多谋的形象。

且谓水德为阴，阴道主杀，所以严定刑法，不尚慈惠，一切举措，纯用法律相绳，宁可失入，不可失出。后世谓秦尚法律，似有法治国规模，不知秦以刑杀为法，如何制治。

（见《前汉演义》第二回）

一语道破秦代以严刑峻法维护封建君主专制统治之实。

（2）补充细节。

> 他却假惺惺的驰至洛阳，匍匐昭宗枢前，放声大哭，<small>恐是有声无泪。</small>并且诬罪友恭、叔琮，牵出斩首。
>
> （见《五代史演义》第三回）

"恐是有声无泪"曲笔写出了徐温惺惺作态，实为狼子野心。

（3）言明笔法。

> 就中还有一段嫌疑，李世民的妻室，是故骁卫将军长孙晟女儿，顺德便是晟的族弟，此次令帮同募兵，显有形迹可疑。<small>世民妻长孙氏亦就此带叙。</small>
>
> （见《唐史演义》第二回）

书中另有多处夹批写明"见某某回"、"隐伏后文"，皆提请读者注意文字自有其前后勾连。作者创作时的深思熟虑、匠心独运，可见一斑。

（4）行文得意处，自评、自叹。

> 左右答称台工浩大，非数月不能成事，始皇作色道："偌大一台，也须数月么？朕准留此数旬，亲自督造，何患不成！"<small>摹写暴主口吻，恰是毕肖。</small>
>
> （见《前汉演义》第三回）

另有"奇极怪极，阅至此当浮一大白"（见《唐史演义》第四回），"借古讽世，是著书人本意"（见《五代史演义》第三十八回），"淡淡写来，兴味盎然"(见《明史演义》第一回)等等批语,作者犹如自幕后步入台前,击节叹赏,不吐不快,性格之磊落,情感之投入如在眼前。

蔡东藩对自批自注的运用十分恰切、灵活,得见史识的自注、能品其性情的自批与正文紧密结合,体现了蔡东藩对史料的高超驾驭能力、独到的考据方法,凸显了他卓然的史识、史才。

(三)每回结尾处作者的后批借鉴了史论的后批评论方式。

"历朝通俗演义"每回结尾处都附有作者的总评,纵览这些后批的内容,概括本回主要内容者有之,褒贬人物品行者有之,说明史料来源、叙述顺序者有之,剖析布局谋篇、文笔曲折者有之,品评史事、鉴古论今者亦有之。这种写法大体借鉴了《史记》"太史公曰"、《资治通鉴》"臣光曰"的史论形式,既表现了作者的史识,也从一个侧面显示了"历朝通俗演义"总体结构的史体化特征。①

(四)文学层面上,体现了历史演义小说"文以载事,即以道情"的特点。

"不拟古亦不违古",蔡东藩在创作上既讲求严谨的治学态度和沉实的治学方法,也十分注重文史相融,文学性上也颇为讲究:

作者的自序质朴流畅,平实如话。内容上既穿插了对各种史料的旁征博引、真知灼见,同时也掷地有声地直陈自己对史事的评价。比如《五代史演义》序言:"今则距五季已阅千年,而军阀乘权,争端迭起,纵横捭阖,各戴一尊,几使全国人民,涂肝醢脑于武夫之腕下,抑何与五

① 龙剑平《蔡东藩〈后汉演义〉研究》,中国古典文献学硕士学位论文。

季相似欤？况乎纲常凌替，道德沦亡，内治不修，外侮益甚，是又与五季之世有同慨焉者。殷鉴不远，覆辙具存。"这样的言论不可谓不披坚执锐、振聋发聩。一部五代史，"元首如弈棋，国家若传舍"，然分裂之危、割据之乱、内讧之忧又何独独现于五代？

"历朝通俗演义"从两汉一气呵至民国，虽不刻意塑造典型人物，但它却铺展了历史人物群像的长卷，令读者"因人见史，以史统人"。每回文字即将收束时都对重要人物和重大事件加以诗评，继承了纪传体史书的记叙方式。

此外，作者于行文中录入策、说、诏书等体裁，既使行文风格多样、摇曳生姿，又推动了情节的发展。因此作者慨叹"阅者悉心浏览，自知作者苦心，非寻常小说比也（见《五代史演义》第四回）"，细细想来一如作者所言。

一言以蔽之，"文不尚虚，语惟从俗"的"历朝通俗演义"之创作体现了历史演义小说创作的本质——在主要人物和事件不违背历史事实的前提下，对历史进行总体的审美把握，遵循艺术创作规律，对历史进行重新审视。①

二、阐发"历朝通俗演义"的历史价值与当下需要

以"演义救国"为理想的蔡东藩，在自己第一部通俗历史小说《清史演义》中便提到该书"供普通社会之眼光"，或"有助国家思想"。联系蔡东藩创作的时代背景，早在 1902 年《新民丛报》刊载的《中国唯一之文学报〈新小说〉》便指出"历史小说者，专以历史上实事为材料，

---

① 刘桂梅《历史演义小说与蔡东藩》，载《榆林学院学报》2013 年 5 月第 23 卷第 3 期第 44 页。

而用演义体叙述之……故本社同志，宁注精力于演义，以恢奇俶诡之笔，代庄严典重之文"，从而实现"借小说家言，以发起国民政治思想，激励其爱国精神"的目的；1906 年，吴趼人在《月月小说》也论及撰写历史小说的首要目的是"当以发明正史事实为宗旨，以借古鉴今为诱导"，以这些言论为发端，自此而后的十余年间，历史小说的创作一时勃兴。蔡东藩的"历朝通俗演义"因其"演义救国"的理念，"以正史为经，务求确凿，以轶闻为纬，不尚虚诬"的创作原则，以演义为载体，针砭时弊，忧国忧民，砥砺气节，顺应了时代之需，成为二十世纪二三十年代历史演义小说的代表作，也成为当时广受读者欢迎的通俗文学的代表作。

"历朝通俗演义"在民国时期已被用作学生课外补充读物，江苏省立南京中学校长张海澄曾函告出版方会文堂"'历朝通俗演义'于中等学校学生文史知识，裨益非浅。特采作课外补充读物"。毛泽东也非常喜欢这部通俗演义，逄先知在《古籍新解，古为今用——读中国史书》中写道"在延安时期，读书的条件好一些，他（毛泽东）托人买了两套'中国历史通俗演义'"。虽时过境迁，当今读者通过阅读"历朝通俗演义"，仍可普及历史知识，从中领略优秀传统文化讲仁爱、重民本、崇正义、尚和合、求大同的内涵与价值。

三、打造中华版 "历朝通俗演义"

"历朝通俗演义"自出版伊始便销量可观，解放后，上海文化出版社、江苏人民出版社先后重印。中华书局于 20 世纪 70 年代也曾单独再版了《民国演义》。20 世纪 80 年代起，更有多家出版社重印这套丛书。近十年，中国书店出版社、安徽师范大学出版社、北京理工大学出版社等等也以不同形式、不同丛书名称出版"历朝通俗演义"。以上诸多版本，多以会文堂 1935 年铅印本为底本，将繁体竖排改为简体横排，在其他附件，比如历代世系图、作者自序或他人作序、改版印行缘起、夹批、后批、绣像插图、《中华全史演义》和《慈禧太后演义》两个品种的选择上寻求差异化。

这次推出中华版"历朝通俗演义"，充分考虑了读者需求，力求做出中华特色。概括起来，有以下两点：

《宋史通俗演义》绣缘

（一）自批自评全图全本。以 1935 年上海会文堂新记书局铅印本为权威底本，精审细校。保留自序、世系图、蔡东藩先生自己批注的注释、夹批和后批。倡导原汁原味的阅读感受，最大限度地呈现原书风貌。同时集齐石印线装本的绣像及插图。鉴于民国图书的保存状况和当时用纸的特性，为了搜集高品质的绣像及插图，我们查阅了书局图书馆、首都图书馆和国家图书馆的相关藏书，经过筛选、比对，扫描 2200 余幅绣像及插图。

《后汉演义》插图"失街亭挥泪斩马谡, 返汉中授计杀王双"

（二）便于当下读者阅读。简体横排。用大 32 开开本，版式简洁，字距行距疏密有致，双色印刷。根据现在标点符号的使用规则，规范并优化标点符号的用法。文字方面，为生僻字加注拼音（生僻字包括列入《通用规范汉字表》三级字表的汉字以及部分二级字表中的汉字）；订正原书中明显的错讹，并根据《通用规范汉字表》审慎地整理文中出现的异体字；有些词语与今天的规范用法不同，但第 6 版《现代汉语词典》中仍保留的，不改。特别在疏通文意、遵从原文和繁简转化、异体字规范方面，书局的版本处理更经得起推敲，略举《五代史演义》几例：

"顾惟凉德，曷副乐推，栗若履冰，懔如驭朽。"（见第三回）许多版本的图书将"懔如驭朽"错写为"怀如驭朽"或"懔如驭朽"。"懔"，畏惧之意。"驭朽"见《书·五子之歌》："予临兆民，懔乎若朽索之驭六马。"孔颖达疏："我临兆民之上，常畏人怨，懔懔乎危惧，若腐索之驭六马。索绝则马逸，言危惧之甚。"后以此比喻帝王治国，艰险不易。

"我便开门迎谒，泥首听命。"（见第九回）部分版本的图书将"泥首听命"错改为"俯首听命"，这种改法简单粗暴。"泥首"以泥涂首，表示自辱服罪。后指顿首至地。

"所以民多怨讟"，望文生义将"多怨讟"错改为"多怨言"，或不按照《通用规范汉字表》随意将"讟"简化。（见第五十六回）

"用柹为箸"错写成"用柿为箸"、"用柿为匕"。"柹"意为木片。（见第五十八回）

在异体字规范方面，"啖人为粮"的"啖"不写作"噉"（见第十回），"攘逐寇仇"的"仇"不写作"讐"（见第十一回），"有时令宫人浓施朱粉，号为醉妆"的"妆"不写作"粧"（见第十七回），"及镇州输绢五万匹"的"匹"不写作"疋"（见第二十七回），"谅契丹必欢然从命"的"欢"不写作"驩"（见第二十七回）。

凡此种种，限于篇幅，不再例举赘述。

四、结语

正因了深厚的史识与史才，蔡东藩才有了大笔如椽；正因了对"文不尚虚，语惟从俗"的坚持，"历朝通俗演义"才有了个性浓郁；正凭了对历史的洞见、对世事的关切，这部作品才有了深度与温度。2015年是被誉为"一代史家，千秋神笔"的蔡东藩先生创作100周年、逝世70周年，谨以中华版"历朝通俗演义"的出版作为纪念。

介绍谢肇淛的三种书

韩锡铎

谢肇淛（1567～1624），字在杭，福建长乐（今福州）人，明万历二十年（1592）进士。从湖州司理起步，官至广西左布政使。天启四年（1624）进京朝觐，行至江西萍乡，卒于官舍，年五十八岁。

谢肇淛在某地为官，结合职务，考察民俗，考察社会，考察福建的山水，考证历史，皆有著述，再撰诗文，在明代的官吏中著作是比较多的。主要有《西吴支乘》、《居东集》、《北河集》、《滇略》、《百奥风土记》、《鼓山志》、《支提山志》、《太姥山志》、《方广岩志》、《长溪琐语》、《史测》、《史觿》、《小草斋集》、《小草斋诗话》等二十余种，一百几十卷。

分类入子部的书有三种，即《麈馀》四卷、《文海披沙》八卷、《五杂组》十六卷。《明史艺文志》归类为子部小说家，《中国古籍善本书目》归类为子部杂家杂学杂说之属，收录在《续修四库全书》（上海古籍出版社影印本）第1130册。本文介绍这三种书。

一、《麈馀》四卷

浙江图书馆藏有万历三十五

年刻本的全本。除了《说郛续》（顺治三年两浙督学周南李际期宛委山堂刊本）刻有一卷外，中国不见有刻本。日本有宽政元年（1789）、宽政十年（1798）、弘化三年（1846）三个刻本（或印本），皆为二卷，只存卷一、卷二，缺卷三、卷四，是万历刻本的翻刻本，首页版心下的刻工亦同。

前有万历丁未（三十五年，1607）秋望日友弟赵世显的序，次为谢肇淛的《麈馀引》。

谢肇淛的《麈馀引》及每卷卷端皆署"陈留谢肇淛辑"。此处的"陈留"，不是河南的开封、泌阳，也不是安徽的亳州、广德、太和，而指的是浙江的湖州。台湾出版的《中文大辞典》第 35 册 313 页："扬州之域，春秋时吴地，后属越，梁末置大梁郡，陈改陈留郡，隋废，以其地属湖州。"署的是谢肇淛为官的古地名。

赵世显的序对此书评价很高："事核而奇，语详而俊，眩目骇耳，动魄惊心，谈苑之卮辞，稗官之

奥谞……帐中之秘，各山之藏，乌能舍是乎！"谢肇淛的"引"，说得比较客观："宾友过从下榻，相对实征僻事，各记新闻，不能言者强之说鬼。"称"麈馀"者，为除灰之后的剩馀也，皆记妖、狐、鬼、怪及出奇之事。大部分为嘉靖至万历间之事，最远的时间到元，洪武、宣德、成化、弘治、正德之事兼有之，所以称"耳目近事，岁月有稽"。情节比较简单，只突出关键的事实，少者只几十字，最多者达 700 字。此书实为笔记小说，《中国古籍善本书目》入杂学杂说，当误。

《四库全书》未涉及此书。20 世纪 20 至 40 年代，人文科学研究所组织专家为征集到的书写提要，称为《续修四库全书总目提要》，为此书写了提要，提要是罗继祖写的。内容为："《麈馀》二卷，上虞罗氏藏日本宽政十年复刻本。明谢肇淛撰。肇淛有《史觿》、《滇略》、《北河纪》、《长溪琐语》、《方广岩志》、《文海披沙》、《游燕

集》诸书，《四库》已著录。此书见《明史艺文志》，而《四库》不之及，疑中土已少流传，此为日本宽政十年津逮堂复刻本，前有皆川愿、三宅芳隆二序，及赵世显序及肇淛自序（称'引'）。自序（引）谓《虞初》《齐谐》悠谬不经，《山海》《宛委》宵漫骇俗，什九卮言，强半道听。是帙耳目近事，亦颇寓劝惩。如会稽陶师贤、聊城民妻、广陵民程氏夫妇、新安商人妻、胡镇诸条是也（皆见卷二）。古人志怪之书夥矣，提要病其无关风教。若肇淛此书，尚差可取，况传本已罕乎！惟《明史艺文志》著录作四卷，此衹二卷，疑复刻未足，抑《明史》有误，不能详矣。"（见齐鲁书社1996年影印本《续修四库全书总目提要》第34册780页）

二、《文海披沙》八卷

首有万历己酉暮春友弟福康陈五昌伯泉题《文海披沙》序，次吴兴叔永甫沈儆炌书于鹅湖传舍时万历己酉天中节前一日也刻《文海披沙》序，此书即万历三十七年（己酉）沈儆炌刻本。

每卷卷端署"晋安谢肇淛撰"。晋安即侯官，也即是福州。

谢肇淛命此书名为《文海披沙》。沈儆炌刻《文海披沙》序中解释为"古云披沙简金，往往见宝"，即从沙中拾金也。

全书不到10万字，有409个标题，每个标题字数悬殊。少者只有11个字，如卷四第二个标题"心与肝应"；长者900字，如卷二"芙蓉"。择取历史、现实、自然界所发生的人、物、事，进行解析，有的叙其事，有的进行论说。《中国古籍善本书目》归类为杂学杂说，是准确的。

此书《四库全书总目》入子部杂家类存目。评介如下："明谢肇淛撰。肇淛有《史觿》，已著录。是编皆其笔记之文，偶拈古书，借以发议，亦有但录古语一两句，不置一词，如黄香责髯奴文之类者。大抵词意轻儇，不出当时小品之习。较所作《五杂组》稍为简约，而疏舛时复相似。如'乌老'一条，谓近来村学究作，不知此唐人所录，见《太平广记》，其人非出近代也；'曹娥碑'一条，据《三国演义》为说，不知传奇非史也；'妇人能文'一条，谓刘琬丫头能熟《鲁灵光赋》，'花面丫头'字出刘禹锡诗，刘琬丫头无典也；'诗谶'一条，谓'冰镜不安臺'为梁武帝诗，不知《梁书》作元帝也；'不妄称人'一条，谓鲍照问惠休己与灵运优劣，不知《诗品》所载乃颜延年也；'人日'一条，谓虞挚不知曲水，为不学无术，不知《束皙传》所载乃挚虞，即字仲字，作《文章流别论》者也；'缠足'一条，引《杂事秘辛》，亦不知为杨慎依托。盖一时兴至辄书，不暇检阅耳。"

谢肇淛博学强记，从作品中可以看出。然总有疏忽之时，被《四库全书》的审稿者抓住了把柄，指出了弊病。就全书来说，质量不是很高，入存目是可以的。但有相当一部分内容还是很精辟的。仅以卷三为例："啸旨"条（第14条），云"《啸旨》一书，不言何人所作，或云永泰（唐代年号）中大理评事孙广著"。此书稀见，只见于丛书，国家图书馆有明嘉靖刻本，谢氏在此条中有详细介绍；"科场之法"条（第19条），介绍了明代对科场舞弊的制裁，与宋代迥别；"画病"条（第34条），介绍了唐代王维的八幅画，与实际情况不符，谢肇淛对书和画是有鉴赏力的，不知存世的王维画有此八幅否，可以验证。

三、《五杂组》十六卷

每卷卷端署"陈留谢肇淛著"。卷一、卷二为天部，卷三、卷四为地部，卷五至卷八为人部，卷九至卷十二为物部，卷十三至卷十六为事略。天、地、人、物、事五个部分，可以把天地间、人事间所有的事情皆可以包括，内容十分丰富，重点则是明代。《中国古籍善本书目》归类为"杂学杂说"是正确的。

谢肇淛万历四十一年写完了《五杂组》，不久即出现了两个刻本。《中国古籍善本书目》子部杂家类杂学杂说之属著录为："明万历四十四年潘膺祉如韦馆刻本，明刻本。"明刻本即是李维桢刻本。实为第一个刻本。

李维桢刻本前有李维桢写的《五杂组序》，署"大泌山人李维桢本宁文撰"，但未署年代。序最后云："不敢秘诸帐中，亟授剞劂，与天下共宝焉。"当为万历四十二年刻本。

万历四十四年潘膺祉如韦馆刻本前也有李维桢的序，除了个别文字有差异外，主要在"不敢秘诸帐中，亟授剞劂，与天下共宝焉"前加一句"友人潘方凯见而好之"，就成了李维桢为潘膺祉写的序了。书后有"丙辰（万历四十四年）仲夏古歙潘膺祉方凯文书于如韦轩"的跋，云："去秋，

余塌南都，归卧天都南下，山馆岑寂，昼闻猿啸。忽叩户声甚急，则云杜李右丞以都水谢公此书见贻，且属绣梓。""李右丞"指的当是李维桢。是说李维桢将刻好的谢肇淛的书交给潘膺祉再刻。这是第二次刻本了。

《四库全书》未涉及《五杂组》。《文海披沙》提要中云："较所作《五杂组》稍为简约，而疏舛时复相似。"写《文海披沙》提要的作者是看过《五杂组》的，对《五杂组》是有批评的（这当是《四库全书》的疏漏之一）。上个世纪20至40年代，文化研究所撰写的《续修四库全书总目提要》写了《五杂组》的提要，作者是谢国桢，云：

> "《五杂组》十六卷，明刊本。明谢肇淛撰。肇淛字在杭，福建长乐人。万历三十年壬辰进士，除湖州推官，移东昌，迁南京刑部主事，调工部转工部郎中。出为云南参政，升广西按察使

左布政使。著有《小草堂集》。肇淛丰颐隆准，粹容光，悦嘉钞书，冱寒不辍。每清霜呵冻，十指如槌，其勤如此。《明史》称闽中诗文，自林鸿、高棅后，阅百余年郑善夫继之。迄万历中，曹学佺、徐熥辈继起，谢肇淛、邓原岳和之，风雅复振焉。是书命名之义，据大泌山人李本宁维桢之序云：其书分天地人物事五部，‘杂俎’之名，则取《易》有《杂卦》《尔雅》‘俎’似‘组’，产东海之意。盖肇淛产东海，多文为富，故称杂俎之名。是书天部二卷，所述为天象岁时、历代灾异、各地风俗附之，独详于闽，因著者闽人也。地部二卷，其论户口之凋耗，有云自三代以来，女直至于蒙古，是一大劫，中国之人无复孑遗。我太祖皇帝之功，劈开混沌，别立乾坤，当与盘古等，而不当与商周汉唐并论也。于蒙古、女真，颇加诋諆，故乾隆间列入禁书。其有女直一则云：‘女直兵满万则不可敌，今建酋是也，其众以万计不止矣。其所以未窥辽左者，西戎、北鞑为腹背之患，彼尚有内顾之忧也。防边诸将，诚能以夷攻夷，离间诸酋，使自相猜忌，保境之不暇，而何暇内向哉？不然，使彼合而为一，其志尚不可量也。’又记鞑靼一则云：‘鞑靼种类生无痘疹，以不食盐醋故也。近闻其与中国互市，间亦学中国饮食，遂时一有之。彼人即异置深谷中，任其生死，绝迹不敢省视矣。一云不食猪肉故尔。’人部三记，人之嗜好迥异一则，未云至于海上之逐臭，□□（原文如此）之嗜，足纨也甚矣。书中原有一纸签，足纨句划去二字，亦似有所触犯故也。盖是书干禁之处，已被清廷铲除殆尽矣。”（见齐鲁书社 1996 年

影印的《续修四库全书总目提要》第30册379页）

这篇提要内容有三处错误：其一，谢肇淛是万历二十年进士，非三十年进士，"壬辰"为万历二十年，是抄他书所致；其二，是《小草斋集》，不是《小草堂集》；其三，《五杂组》清代不是禁书，谢肇淛对后金没有贬词，如果《五杂组》是禁书，《文海披沙》、《北河纪》等书也应是禁书，这是清代禁书的惯例。这篇提要对人、物、事三部分没有涉及，是很不完备的。

20年后，1960年中华书局出版了谢国桢的《明清笔记谈丛》，其中第10种书为《五杂组》。因不是提要，而是谈丛，体例有别。文字较多，节删如下：

"……谢肇淛《五杂组》则记载的比较谨慎，且有识见独到之处。是书分天、地、人、物、事五部，共十六卷。有万历间新安如韦馆刻本、日本翻刻本和襟霞阁排印本。一九五九年又有中华书局的排印本。肇淛字在杭，福建长乐人，万历间进士，官至工部郎中。长于文学，家富藏书，为明代的著名藏书家，为学不尚空谈，而取诸目验，所以有创见独到之处。他记载万历以来商业繁盛的情况，指出当时新安的富贾和山西的商人说：富室之称雄者，江南则推新安，江北则推山右。新安大贾，鱼盐为业，藏镪有至百万者，其他二三十万则中贾耳。山右或盐或丝，或转贩，或窖粟，其富甚于新安，新安奢而山右俭也。著者对于徽州商人致富的原因，他推测出是这样的：吴之新安，闽之福唐，地狭而人众，四民之业，无远弗届，即退陬穷发，人迹不到之处，往往有之，诚有不可解者。盖地狭则无田以自食，而人众则射利之途愈广故也。余在新安，见人家多楼上架楼，未尝有无楼之屋也。计一室之居，可抵二三室，而犹无尺寸隙地。闽中自高山至平地，截截为田，远望如梯，真昔人所云水无涓滴不为用、山到崔嵬尽力耕者，可谓无遗地矣。而人尚什五游食于外，设使以三代井田之法处之，计口授田，人当什七无田也。"

"他指出江南、福建商业虽然发达，而福建的官僚地主仍然喜欢兼并田地，横肆掠夺的情况说：江南大贾，强半无田，盖利薄而赋役重也。江右荆楚之间，米贱田多，无人可耕，人亦不以田为贵，故其人虽无甚贫，亦无甚富，百物俱贱，无可化居转移故也。闽中田赋亦轻，而米价稍为适中，故仕宦富室，相竞畜田，贪官势族，有畛隰遍于邻境者。至于连疆之产，罗而取之；无主之业，嘱而丐之；寺观香火之奉，强而寇之。黄云遍野，玉粒盈艘，十九皆大姓之物，故富者日富，而贫者日贫矣。"

"由上面所述的事实，不然看出万历以来，江南与福建经济发展的情况，显然有差别，而福建的官僚地主仍然大量投资于兼并田地，压迫小民，这就是明代商业经济虽然繁荣，出现了资本主义的萌芽，而为封建社会生产关系所束缚，长久停滞的原因。但尽管如此，生产力总是向前发展的，在明代由于手工业和商业的发达，对于生产工具和营造技术上，也有所改进。明代建筑工程相当出色，他叙述了明代木工在建筑上的创造。在明代以木匠起家的有徐杲、蒯义、蒯刚、蔡信、郭文英等人，对于明代的修建，都有卓越的贡献。在明代农业工具已有了改进，农业生产也相当的提高，他记载了闽中已普遍使用水车灌溉田地，闽中山区到处开辟了梯田，闽南的稻田，有一年三熟的，这可见农民的辛勤劳动，对于农业产量有了显著的进展。不仅如此，到万历以后，农业中还产生了像甘蔗等类的新产品……"

谢国桢的这篇介绍，揭示了谢肇淛《五杂组》对明代经济的论述，是很可贵的，比20年前写的提要要好多了，但仍有相当一部分内容没有涉及。

谢肇淛的三种书是相继而写的，内容有所关联，前二种书存之可以。而《五杂组》是研究《明史》、研究艺术史、研究民俗等必备的书，即是一般读者，也是可以观赏的。

中华书局再版《午梦堂集》

叶绍袁原编 冀勤辑校，中华书局 2015 年 3 月，148 元

本书是吴江叶氏一门所作诗文之合集，包括叶绍袁及其妻沈宜修，其子女叶纨纨、叶小鸾、叶小纨、叶世偶、叶世傛等人的作品，对研究晚明社会与文学、人情与习俗都是极为珍贵的资料。本书以叶德辉重编本为底本，进行点校整理。书后附整理者补遗、续辑，并附录有谱传、序跋与书录、诗文评说等相关资料。编有作者暨篇目索引。

（闻　学）

《诗观》作者邓汉仪原籍与寓籍

陆　林

邓汉仪（1617～1689），字孝威，号旧山，别署旧山农、旧山梅农，晚号钵叟，郡望南阳。在清初诗坛上，以编选《诗观》三集和撰写《题息夫人庙》诗"千古艰难唯一死，伤心岂独息夫人"而著称。有关其籍贯，其自称"南阳邓汉仪"（《诗观》自序落款），又自署"东吴邓汉仪"（《诗观》三集各卷均署"东吴邓汉仪孝威评选"，《贩书偶记》卷十九即据此著录"东吴邓汉仪评选"）。然而，《四库全书总目》卷一九四集部《诗观十四卷别集二卷》提要云"汉仪字孝威，泰州人"，现当代学人编写之《续修四库全书总目提要》、《中国文学家大辞典·清代卷》、《清初人选清初诗汇考》等，均据此认为邓汉仪是泰州人。近年出版之《小莽苍苍斋藏清代学者书札》收录其《致梅清》书信一篇，作者介绍云其"原籍江苏吴县。……顺治元年为避身远祸，举家迁居江苏泰州"（人民文学出版社2013年版，第8页）。由此看来，其籍贯实有进一步辨析之必要。

南阳，是邓氏第一郡望，与籍贯关系不大。粗略看来，"原籍江苏吴县……迁居江苏泰州"是有根据的，与康熙年间沈龙翔撰《邓征君传》"苏州人，徙家泰州"（夏荃辑《海陵文征》卷十九）的记载似乎一致。只是迁居时间和主角都有商榷的余地。陈维崧顺治十四年（1657）为邓汉仪《过岭集》撰序，云其"序阀阅，则邓仲华簪组之族，门户清通；谱邑里，则吴夫差花月之都，山川绮丽"（《陈检讨四六》卷七《邓孝威诗集序》）。序言介绍了作者祖籍苏州，出身世家。只是紧接的两句"籍虽茂苑，产实吴陵"，以及时人称其"以吴趋之妙族，生东阳之秀里"（龚鼎孳《定山堂古文小品》卷上）和"厥世吴国，实产海陵"（张琴《翩翩邓子八章章八句》）云云，似乎又是指汉仪出生于泰州。作为泰州的古称，吴陵和东阳在一般地名工具书上均不见记载。据[道光]《泰州志》

卷一《建置沿革》，此地汉为海陵县，东汉废，并入东阳，晋复设，唐武德三年改名吴陵，于县置吴州，七年州废，仍名海陵，南唐升为泰州治所，明省海陵县入州，领如皋一县，属扬州府辖，清初因之。看来，邓汉仪可能自父辈开始已经寓居南直隶泰州，故云与泰州黄云"童稚情亲"（《诗观》二集卷二），为少小之交。因祖籍所在，而回苏州考诸生，亦曾"读书吴门之西郊"。回苏州的具体时间，当始于崇祯四年十五岁时。"予十五游吴会，称诗于西郊诸子间"（邓汉仪《申凫盟诗选序》，申涵光《聪山集》卷首），"十九岁补吴县博士弟子员"（《邓征君传》）。然居住之地仍为泰州，所著《诗观》评吴伟业《琵琶行》，汉仪自称"昔客吴趋，叶圣野过晤论诗"（《诗观》初集卷一），地道的苏州人，是不会说自己"游吴会"、"客吴趋"的。拔诸生后参加乡试，如自述崇祯十二年（1639）"己卯，余应试白门"(《慎墨堂笔记》)。其于崇祯十七年春夏称离任泰州知州陈素为师①，有两种可能：一是陈任知州时，汉仪曾随其读书；一是陈于"壬午充应天同考"②，即南直隶崇祯十五年乡试同考官，而此年汉仪参加南京秋闱。《邓征君传》云其"忽以足疾辍试，遂弃去"诸生身份，未必与入清后的时局变化有关。

可以佐证以上推测的，是其《笔记》中所记"吴缵姬孝廉，沉毅负才略。预知登州之变，即移家还海陵。甲申在维扬，与黄中丞家瑞、马兵宪鸣騄，倡义社，以扁舟邀余共事。余有诗答之⋯⋯

竟不赴其约"。吴缵姬，字玑滩，泰州人。中崇祯三年乡试。其先以戍籍家登州，清军犯山东，挟弓持槊，护亲出重围，归于海陵。入清"嘉遁不仕，甘老丘园，人咸高之"([雍正]《扬州府志》卷三二《人物·隐逸》)。据汉仪笔记，缵姬南明初年曾与淮扬巡抚黄家瑞、扬州知府马鸣騄在扬州组织义兵抗清。如此际汉仪仍在苏州，当不会"以扁舟"相邀。顺治十七年邹祗谟、王士禛辑《倚声初集》著录其为"泰州人，吴县籍"(卷一《爵里》)，应该说是准确无误的。

---

① 邓汉仪《寄赠陈上仪师白门》"万里雪销通晓骑，三春雁尽护居庸。南来书讯边城少，北望旌旗御阙重"两联分别注云"先生自泰复调冀州"、"闯贼陷北京"，可据以考证陈上仪即陈素和诗歌写作时间。
② 盛枫《嘉禾征献录》卷三七："陈素字太淳，号涵白，桐乡人，崇祯癸酉举人，甲戌进士，知开州⋯⋯在事三年，民深德之。丁忧，补泰州，拔陆舜于童子试中。壬午充应天同考，闯贼陷庐州，度不能支，挂冠归。癸未补冀州，国破不出，自称天山道人，卒于家。"

《全唐文补编》所补诏令订正

李 豪

陈尚君先生所撰《全唐文补编》在《全唐文》、《唐文拾遗》、《唐文续拾》的基础上又补充了唐文五千余篇[①]，洋洋大观，嘉惠学林。《全唐文补编》所补唐代诏令大都辑自《唐大诏令集》[②]，而笔者在校读《唐大诏令集》时，发现《全唐文补编》所补诏令尚存在漏收、误系、误收三方面的问题，故将其订正如下。

一、漏收诏敕

1.《唐大诏令集》卷六《太上皇再答皇帝上尊号并辞大圣字诰》(页38)

古者华胥大庭，神农黄帝，淳俗归于太素，正真契于无为。虽不累烦缨，亦崇其称号。吾久寻玄旨，远袭仙宗，既欣襄野之游，更乐瑶

---

① 陈尚君辑校：《全唐文补编》，中华书局，2005年。
② ［宋］宋敏求编：《唐大诏令集》，中华书局，2008年。

池之宴。翛然自逸，岂在尊名。尔亲率百寮，至于再请，则蒸蒸之孝，实觌于当今。而荡荡之德，独惭于上古，频览章表，恳志难违。汝宝命惟新，鸿勋允集，用加大圣之字，克副昊天之心。若承命无渝，万国同欢于翊戴。傥固辞不已，吾亦未膺乎典册。勿为多让，宜协至公，朝野之情，固多荣幸也。

按：《全唐文》卷四五《再请上太上皇尊号表》（页 501）节引此诰"频览章表……吾亦膺乎典册"等文字①。

2.《唐大诏令集》卷五五《陈希烈太子太师制》（页 290～291）

门下：辅道元良，发明纯德。朝寄之重，莫此为先。特进行左相兼武部尚书，集贤殿弘文馆学士崇玄馆大学士太清（阙），谏曹，爰资敏才。参掌密命，居易励修身之操。见危着从我之勤。自处台司，累疏陈乞，忌满思退，持盈守谦。留中六之，重难其请（阙）式撝挹，俾尹宫坊，可太子左庶子，赐如故。

按：据《唐大诏令集目录》，此诏与后一诏《李勉太子太师制》之间尚有两制：《吕諲太子宾客制》，《姜公辅左庶子制》，并缺文。

但据《陆贽集》卷七《姜公辅左庶子制》（页 234～236）载："君之任臣，有优贤赐告之义；臣之事君，有量力知止之道。故能进退以礼，终始可胜。此朕三事大夫济理图全之意也。守谏议大夫、同平章事、赐紫金鱼袋姜公辅：首举高第，擢居谏曹，爰资美才，参掌密命。居易励修身之操，见危着从我之勤。自处台司，累疏陈乞，忌满思退，持盈守谦。留中久之，重难其请，式光撝抑，俾尹宫坊。可太子左庶子，勋赐如故。"②可知：《陈希烈太子太师制》下半部分文字出自《姜公辅左庶子制》。

---

① ［清］董诰等编：《全唐文》，中华书局，1983 年。
② ［唐］陆贽撰；王素点校：《陆贽集》，中华书局，2006 年。

据《旧唐书》卷九《玄宗本纪下》（页 229）云："(天宝十三载)八月丁亥，以久雨，左相、许国公陈希烈为太子太师，罢知政事。"[1]《旧唐书》卷九七《张说附陈希烈传》（页 3059）云："累迁兼兵部尚书、左相，封颍川郡开国公，宠遇侔于林甫。及林甫死，杨国忠用事，素忌嫉之，乃引韦见素同列，罢希烈知政事，守太子太师。又《唐大诏令集》卷四五《陈希烈左相制》（页 223）载："光禄大夫、门下侍郎同中书门下平章事、集贤院、弘文馆学士、崇玄馆大学士、太清、太微宫使、上柱国、临颍县开国侯陈希烈……可行左相兼兵部尚书，余如故。"（天宝六载三月）

可将《陈希烈太子太师制》略补如下，"门下：辅道元良，发明纯德。朝寄之重，莫此为先。特进行左相兼武部尚书，集贤殿弘文馆学士崇玄馆大学士太清太微宫使、上柱国、许国公陈希烈"……

3.《唐大诏令集》卷一〇〇《诫饬御史制》（页 506 ～ 507）

敕。御史之职，邦宪是司。先正其身，始可行事，当须举直措枉，不避亲仇，纠慝绳违，务从公正，如闻愆过，阴自鼓动，不即弹射，自树恩私，曾无忌惮，仍有请托，将何以寄之鹰隼，用屏豺狼，如此当官，深负所委，自今以后，不得更然。

二、误系诏敕

1.《唐大诏令集》卷三八《封嗣濮王制》（页 174）

按：《全唐文补编》卷二五（页 307）系于玄宗名下，误。据《旧唐书》

---

① ［后晋］刘昫等撰：《旧唐书》，中华书局，1975 年。

卷七六《濮王泰传》（页 2656）载："（濮王泰孙）峤，本名余庆，中兴初封嗣濮王。景云元年，加银青光禄大夫。"此处，"中兴"指中宗复唐，故此制当系于中宗名下。《唐代诏敕目录》（页 116）系此制于神龙初，[①]是。

2.《唐大诏令集》卷三八《封嗣蒋王制》（页 174）

按：《全唐文补编》卷二五（页 307）系于玄宗名下，误。据《旧唐书》卷七六《蒋王恽传》（页 2660）云："神龙初，封铣子绍宗为嗣蒋王。"显然，此制当系于中宗名下。《唐代诏敕目录》（页 116）系此制于神龙初，是。

3.《唐大诏令集》卷三八《封嗣荆王制》（页 174）

按：《全唐文补编》卷二五（页 308）系于玄宗名下，误。据《旧唐书》卷六四《荆王元景传》（页 2425）："神龙初，追复爵土，并封其孙逖为嗣荆王。"显然，此制当系于中宗名下。《唐代诏敕目录》（页 116）系此制于神龙初，是。

4.《唐大诏令集》卷一〇一《加散骑常侍员品诏》（页 512）

按：《全唐文补编》卷三九列为肃宗文（页 467），误。据《旧唐书》卷一一《代宗本纪》（页 275）载："（广德二年）五月丁酉朔，戊午，敕中书、门下两省加置散骑常侍四员，官为正三品。"又《旧唐书》卷四三《职官志二》，"左散骑常侍"条（页 1844）载："广德二年五月，升为正三品，加置四员。"正与此诏文中所云："中书门下，各加置散骑常侍四员，其官并为正三品。"相合。可见此诏当系于代宗广德二年五月。《唐代诏敕目录》（页 292）系于广德二年五月戊午，是。

---

① ［日］池田温等编：《唐代诏敕目录》，三秦出版社，1991 年。

三、误收诏敕

1.《唐大诏令集》卷二九《开元三年册皇太子敕》（页 103）

按：《全唐文补编》卷二五误补，其实《全唐文》卷二一已载此诏，题为《命征辟东宫官属制》。

2.《唐大诏令集》卷三三《广平王进封楚王制》（页 135）

按：《全唐文补编》卷三九误补，其实，此制为《收复两京大赦文》之一部分，《全唐文》卷四四已载。

3.《唐大诏令集》卷七四《条贯祀事诏》（页 421）

按：《全唐文补编》卷一二四误补，《全唐文》卷七二已载此诏，题作《委监察御史省视太庙郊社斋事诏》。

4.《唐大诏令集》卷七五《禘祫不废常享诏》（页 425）

按：《全唐文补编》卷一二四误补，其实，此诏为《唐大诏令集》卷九《天宝八载册尊号赦》之节文，《全唐文》卷四〇已录，题作《加天地大宝尊号大赦文》。

5.《唐大诏令集》卷七九《巡幸东都赐赉扈从赦天下制》（页 452）

按：《全唐文补编》卷三一重补，其实，《全唐文补编》卷二四已载。

6.《唐大诏令集》卷一〇〇《京官都督刺史中外迭用敕》（页 508）

按:《全唐文补编》卷二四误补,此诏《全唐文》卷三四已载,题作《铨择内外官勑》。

7.《唐大诏令集》卷一〇一《诫别驾县令录事参军诏》(页 513)

按:《全唐文补编》卷五一误补,此诏已见《全唐文》卷四八,题作《谕诸道州考察所属官勑》。

8.《唐大诏令集》卷一〇四《录用邓州归顺官诏》(页 534)

按:《全唐文补编》卷一二四误补,《全唐文》卷四六二已录此诏,题作《除邓州归顺官制》。

9.《唐大诏令集》卷一〇五《听百寮进状及廷争勑》(页 536)

按:《全唐文补编》卷三一误补,《全唐文》卷二七已录此诏,题作《求言诏》。

10.《唐大诏令集》卷一〇五《令台省详议封事诏》(页 536)

按:《全唐文补编》卷一二四误补,《全唐文》卷四六已录此诏,题作《求言诏》。

11.《唐大诏令集》卷一〇五《选集贤学士勑》(页 539)

按:《全唐文补编》卷一二四误补,《全唐文》卷四八已录此诏,题作《准太学生徒支给厨米勑》。

12.《唐大诏令集》卷一〇五《崇太学诏》(页 539)

按:《全唐文补编》卷一二四误补,《全唐文》卷四六已录此诏,题作《增修学馆制》。

13.《唐大诏令集》卷一〇七《诫励诸军州牧将诏》（页553～554）

按:《全唐文补编》卷二四误补,此诏已见《全唐文》卷二七,题作《安置降蕃诏》。

14.《唐大诏令集》卷一〇九《禁车服第宅踰侈敕》（页566～567）

按:《全唐文补编》卷一二四误补,《全唐文》卷七一已录此诏, 题作《崇俭诏》。

15.《唐大诏令集》卷一〇九《申禁公私车服踰侈敕》（页567）

按:《全唐文补编》卷一二四误补,《全唐文》卷七二已录此诏, 题作《答王涯奏准敕详定礼制诏》。

16.《唐大诏令集》卷一一〇《诫励氏族婚姻诏》（页570）

按:《全唐文补编》卷一二四误补,《全唐文》卷六已录此诏,题为《刊正氏族诏》。

17.《唐大诏令集》卷一一〇《诫励风俗敕三》（页571）

按:《全唐文补编》卷二三误补,《全唐文》卷二二已录此诏,题作《科禁诸州逃亡制》。

18.《唐大诏令集》卷一一五《遣卢绚等诸道宣慰赈给敕》（页

601～602）

按：《全唐文补编》卷二四误补，《全唐文》卷二八四已录此诏，题作《敕授十道使》。

19.《唐大诏令集》卷一一八《招谕蔡州诏》（页 623）

按：《全唐文补编》卷五九误补，《全唐文》五七已录此诏，题作《晓谕淮西制》。

中华书局出版《唐人选唐诗新编》（增订本）

傅璇琮、陈尚君、徐俊编，中华书局 2014 年 12 月，156 元

唐人编选的诗歌总集，可知者有 130 多种，而今存世者不过十几种。1958 年中华书局上海编辑所编印了《唐人选唐诗十种》，对唐诗研究起到积极推动的作用。1993 年，傅璇琮、陈尚君、徐俊三位学者重新编选整理了一部《唐人选唐诗新编》，共 13 种，补辑新材料、改换好版本，体现了当时唐诗研究的水准，受到学术界认可。20 余年过后，此次中华书局推出新版增订本，仍请原先三位编者在之前基础上加以增补、覆校，从而为研究者提供更完整和质量更高的唐人选唐诗文本。

（古　文）

"具德和尚"考证商榷

陈圣宇

胡益民先生《张岱评传》(南京大学出版社,2002 年) 和《张岱研究》(安徽教育出版社,2002 年) 对于张岱的生平和交游进行了有益的探索,但白璧微瑕, 书中涉及"具德和尚"的考证, 多有可商之处, 兹献疑于方家。

一、误考"具德和尚"生年

《张岱评传》第 147 页, 作者考证认为具德和尚"生年当为 1599 年,小于张岱两岁", 此结论误。

具德嗣法弟子戒显《本师具德老和尚行状》:"师世寿六十有八, 生于明万历庚子 (1600) 六月十六日戌时, 示寂于清康熙六年 (1667) 十月十九日丑时, 僧腊四十七。"①由此知具德和尚比张岱 (生于 1597 年)

---

① [清] 孙治初辑、徐增重修《灵隐寺志》, 杭州出版社, 2006 年, 页 173。

小 3 岁，且可推知其出家之年为 1621 年（明熹宗天启元年）。

以上记载可和张立廉、吴伟业之文相互印证。张立廉《重兴灵隐具德老和尚全身塔表》云："师生于万历庚子，终康熙丁未，世寿六十有八，僧腊若干。"①吴伟业《重建灵隐具德大和尚塔铭》云："侍者到迟，顿足一下，端然坐逝。时丁未十月之十九日也。……师世寿六十有八，僧腊四十七。"②《灵隐寺志》中戒显、张立廉、吴伟业三文记载一致，具德和尚生年都为 1600 年。惟一与之矛盾的是吴伟业《梅村家藏稿》中记载。吴氏此铭亦见《梅村家藏稿》，题作《灵隐具德和尚塔铭》，云："世寿六十七，僧腊四十三，丁未十月之十九日也。"③此说法与《灵隐寺志》中三文记载存在矛盾。

相较而言，吴伟业与具德和尚熟稔程度，当不如其朝夕相从的嗣法弟子戒显，何况戒显记载精确到时辰，当自有据。值得注意的是，戒显与吴伟业为同里同学好友，吴氏自称"伟业称同学于晦山者四十年矣"，此铭就是应其要求而作，"嗣法弟子晦山显件系梵行，邮书其友吴伟业曰：'子固辱与吾师游者也，塔有刻文，非子不足传信，石已具，敢请'"、"晦山之来速铭也"④。古人作墓志铭，作者与传主不熟时，必须依靠行状。吴伟业作此铭，极可能就是参照了戒显《本师具德老和尚行状》。

吴伟业塔铭初稿撰成，送交到戒显手中方觉有误，故刻入《灵隐寺志》时已作修改，但《梅村家藏稿》收录的仍是留存家中的初稿，所以存在时间记载的矛盾。对此陈垣先生早已下过断语："灵隐具德弘礼，山阴张氏。清康熙六年卒，年六十八（1600～1667）。《灵隐寺志》七

---

① 《灵隐寺志》，页 166。
② 同上书，页 162～163。
③ ［清］吴伟业《梅村家藏稿》卷五十一《灵隐具德和尚塔铭》，《四部丛刊初编》本。
④ 《梅村家藏稿》卷五十一《灵隐具德和尚塔铭》。

载吴伟业撰塔铭、张立廉撰塔表、戒显撰行状，均作年六十八，惟《梅村家藏稿》五一作年六十七，今从《灵隐志》。"①这个判断无疑是非常正确的。

顺便提一下，冯其庸、叶君远《吴梅村年谱》开篇"明神宗万历三十七年己酉 一六〇九 一岁"条提及具德和尚年龄，称"具德和尚九岁"②，其下"具德和尚"年龄来源，注"据《梅村家藏稿》卷五十一《灵隐具德和尚塔铭》"，沿袭了《梅村家藏稿》之误。按照陈垣先生的正确推断，具德和尚生年当为 1600 年。"明神宗万历三十七年"吴伟业一岁时，具德和尚当为十岁。

二、误考"具德和尚"为张有誉

作者认定具德和尚就是张有誉，故书中提及张岱"其族弟张有誉亦为新政权的户部尚书"（《张岱评传》，第43页），"1657年张岱在杭州住了近一年时间。这一年里，他在杭州灵隐寺访问了弘光朝曾任户部主事的'族弟'张有誉即具德和尚"（《张岱评传》，第66页）。《张岱评传》第147页"具德和尚"条更坐实"具德和尚"就是张有誉，"考《灵隐寺志》，灵隐寺毁于崇祯十三年，'费八万金'，'历三年'，主持重建者为静涵禅师张有誉。有誉早年为京官，在弘光朝复官工部主事，见国事不可为，不辞而遁，削发为僧"。细读全书，此条考证乃是沟通"具德和尚"与张有誉之间联系的惟一枢纽，但恰恰存在严重问题。

笔者仔细翻阅整部《灵隐寺志》，未找到"'费八万金'，'历三年'，主持重建者为静涵禅师张有誉"的证据，却屡见主持重建者为"具德和尚"的记载。

如《灵隐寺志》卷首康熙二年严沆序云:"然则具德和尚重兴灵隐,功冠八纮,道光千载,而斯志则空前后,其不朽矣乎!"同年孙治序云:"具德礼和尚,临济之大宗匠也,其以众人之请而来至此也,盖剪其蓬蒿而居之,越十有三载,而琳宫梵宇焕然而鼎新焉。"康熙十一年灵隐晦山和尚(案:即戒显)序:"先师具德老人荼毗二十余年,举全座灵山尺寸而鼎兴之,从外至内,殿阁巍峨,堂寮鳞砌,佛像严丽,金碧辉煌,随一殿一堂,一房一舍,一楼一阁,皆一手擘出,脱体斩新,虽曰重兴,实同开创。"此外王益朋《重建灵隐寺碑文》、严沆《灵隐寺重兴碑文》、孙治《重建灵隐寺碑文》、王吉明《重兴景德灵隐禅寺碑文》等均明言重建灵隐寺的乃具德和尚(均见《灵隐寺志》卷之七《艺文》)。

据《灵隐寺志》卷之二《梵宇》记载:

> 顺治己丑(顺治六年,1649)春二月,各房僧众暨外护,合力敦请具德和尚住院,和尚相随数百僧,戮力缔造。庚寅(顺治七年,1650)营造方始,堂室次第鼎新。戊戌(顺治十五年,1658)三月廿六日,大殿灾,天将以除旧布新属和尚也。辛丑(顺治十八年,1661)七月十七日,大殿与天王殿同日鼎建。……虽曰重兴,实同开创,盖代功迹,古今未有也。①

因此主持重建灵隐寺的不是什么静涵禅师张有誉,而是具德和尚。而作者所云云"考《灵隐寺志》,灵隐寺毁于崇祯十三年,'费八万金','历三年',主持重建者为静涵禅师张有誉"云云,在《灵隐寺志》中寻找

---

① 《灵隐寺志》,页14~15。

2015·书品 第一辑 | 123

不到相关记载，不知从何而来。笔者后细读张岱《西湖梦寻》，发现可能源于作者误解卷二《灵隐寺》条。文中云：灵隐寺"隆庆三年毁，万历十二年僧如通重建；二十八年司礼监孙隆重修。至崇祯十三年又毁，具和尚查如通旧籍，所费八万，今计工料当倍之。……具和尚为余族弟，丁酉岁，余往候之，则大殿方丈尚未起工。……逾三年而大殿方丈具俱落成焉"（张岱《陶庵梦忆·西湖梦寻》，中华书局，2007 年，第 146 ～ 147 页）。"费八万金"，"历三年"等词汇终于找到了出处，其非出于《灵隐寺志》明矣。作者虽云"考《灵隐寺志》"，可能未曾阅《灵隐寺志》，故"主持重建者为静涵禅师张有誉"似为凿空之语，"费八万金"的乃是万历十二年重建灵隐寺的如通和尚，也与张有誉了无干涉。

关于具德和尚生平，吴伟业《重建灵隐具德大和尚塔铭》："师讳弘礼，号具德，生于绍兴山阴之张氏，世称著姓。明状元阳和先生元忭（案：张元忭为张岱曾祖），其族也。从祖父徙会城，幼好与黄冠游，有紫阳洞苏道者，教以息养方，颇本天台小止观，与《首楞严》吻合，师因读是经，而发正信，遂投普陀宝华庵仲雅师，祝发三峰汉月藏禅师，则所从记莂，授以临济正宗者也。"（《灵隐寺志》，第 160 页）《灵隐寺志》卷之三下《主持禅祖》亦有记载："具德弘礼禅师，临济宗，为临济三十二世。绍兴张氏子。初为锻工，已习道家言，后又读《首楞严》而善之，披剃受具，参三峰汉老人于安隐，彻悟宗旨，服勤十七载，遂承嘱咐。"（《灵隐寺志》，第 57 页）生平事迹详见其弟子戒显《本师具德老和尚行状》，文繁不赘。

而张有誉其人，金之俊《金文通公集》卷十三《前光禄大夫太子太保户部尚书静涵张公墓志铭》：

公讳有誉，姓张氏，号静涵。其先世居无锡之景云乡。曾祖讳辅，号玉溪，始占籍江阴之青旸里。大父讳汝翼，号澄源，邑廪生，崇祀乡贤。父讳履正，号岵望，前壬辰进士，任广信府知府，崇祀名宦。以公贵，三世皆得赠官保、尚书，累叶或隐或显，代有硕德令闻，炳耀于时。[1]

张有誉其人，温睿临《南疆逸史》卷七列传第三、徐鼒《小腆纪传》卷十二列传第五均有传。综合两书所载：张有誉，字难誉，江阴人，天启壬戌（明熹宗天启二年，1622）进士，弘光时曾为户部尚书，后加太子太保。顺治二年（1645）五月南京失守，"有誉逃之武康，久之旋里。仕宦二十年，仅守先世遗业产，其治家居乡俱堪为后人法。年八十一而终"[2]。《小腆纪传》所记大同小异："明年五月，南京失守，有誉奔武康，久之旋里，年八十一而终。或曰：为僧于苏州之灵岩。"[3]但对于张有誉是否为僧，不敢肯定。

考张有誉南明弘光政权败亡后，曾投奔苏州灵岩山，拜继起弘储为师，陈垣《清初僧诤记》卷二云《天童塔铭诤》云："鱼山熊开元、静涵张有誉、碓庵僧鉴青，皆继起弟子。"《五灯全书》卷八十七《临济宗南岳下三十六世随录》有：

> 澄江（案：江阴别称）张有誉大圆居士，号静涵，万历己未进士（案：当为天启壬戌进士，查朱保炯等《明清进士题名碑录索引》，张有誉为天启壬戌二甲三十九名进士），官户部尚书。……

---

[1] ［清］金之俊《金文通公集》卷十三《前光禄大夫太子太保户部尚书静涵张公墓志铭》，《续修四库全书》集部第1393册，上海古籍出版社，2002年，页147。

[2] ［清］温睿临《南疆逸史》，中华书局，1959年，页55。

[3] ［清］徐鼒《小腆纪传》，中华书局，1958年，页143。

后鼎革，往参灵岩储（案：即继起弘储），言下有省，遂曰："生且妄，何死之足云！"辄绝粒。储曰："吾道有大于此者，子既于中有会，正当拈己所知，嘉惠来学，徒不忘沟渎，效匹夫匹妇之谅，岂相期之意哉！"遂执侍山中二十余年。康熙己酉（康熙八年，1669）九月晦，士示疾，上灵岩作别，归而病笃，储亲往视。士曰："年活八十一，更复何云。只愧二十年来，不曾上报法乳。"……少顷，谓左右曰："佛法世法，一齐放下了也。"便脱去。[1]

金之俊《前光禄大夫太子太保户部尚书静涵张公墓志铭》提及张有誉"年逾八十"，"其卒之前犹谆谆遗训子孙云：'年已八旬，时至即行。'"《南疆逸史》、《小腆纪传》均云"年八十一而终"。则张有誉活到八十一岁，确实有据。据《五灯全书》记载康熙己酉（1669）张有誉年八十一卒，推算其生于明神宗万历十七年（1589）。

顺治二年乙酉（1645）五月清兵南下，消灭南明弘光政权，张有誉于此时或稍后入苏州灵岩山，拜弘储为师，此后二十多年常往来家乡与灵岩之间，与诸禅僧谈论佛法，"入山不异缁流，而居家一循儒礼"（《前光禄大夫太子太保户部尚书静涵张公墓志铭》）。他还曾陪伴弘储出行，拜访钱谦益，见钱氏《有学集》卷十《己亥夏五十有九日，灵岩夫山和尚偕鱼山相国、静涵司农枉访村居，双白居士、礓庵上座诸清众俱集，即事奉呈四首》（案：夫山和尚即继起弘储，鱼山相国即熊开元，静涵司农即张有誉。熊开元南明唐王时任东阁大学士，故称"相国"；"司农"为户部尚书别称，指张有誉）。《有学集》卷二十一《〈虎丘退庵储和尚语录〉序》云："青阳、嘉鱼二元老，师左右面弟子也。"（案：青阳即

---

① ［清］超永《五灯全书》卷八十七《临济宗南岳下二十六世随录》，台湾文殊出版社，1988 年，页 1740。

江阴，为张有誉籍贯，代指张有誉；嘉鱼为熊开元籍贯，代指熊开元）。张有誉与弘储之交往，具体可参看柴德赓《明末苏州灵岩山爱国和尚弘储》一文有关介绍①。

具德弘礼和继起弘储同为汉月法藏弟子②，"具德弘礼，亦汉月弟子，久住灵隐，与继起齐名，康熙六年卒"③。而张有誉为继起弟子，依照济宗世系，张有誉为具德弘礼法侄。

综上所述，具德和尚与张有誉显为两人：

一、具德和尚为绍兴山阴人，与张岱同族，故张岱灵隐寺见到具德和尚时云："具和尚为余族弟。"（见张岱《西湖梦寻》卷二《灵隐寺》条）。而张有誉为江阴人，其先世居无锡之景云乡，曾祖时方占籍江阴之青旸里，与张岱没有亲属关系。

二、具德和尚家境贫寒，年轻时曾为苦工，文化程度不高，戒显云："师以苦身操履，初不留意辞章，而天资绝人，慧辩无碍。"（《本师具德老和尚行状》）具德 1621 年 22 岁时即出家为僧。而张有誉 1622 年中进士，曾任南明弘光政权户部尚书。1645 年清兵南下消灭弘光政权后，方有意为僧。

三、具德和尚生于明神宗万历二十八年（1600），卒于清康熙六年（1667），享年六十八。而张有誉生于明神宗万历十七年（1589），卒于清康熙八年（1669），享年八十一。

四、具德弘礼和继起弘储均为汉月法藏弟子，而张有誉为继起弟子，具德法侄。

---

① 柴德赓《史学丛考》，中华书局，1982 年，页 395～398。
② 参见陈垣《清初僧诤记》卷首所列"清初济宗世系表"，中华书局，1962，页 2。
③ 《清初僧诤记》卷三《云门雪峤塔诤》，页 65。

三、将"具德和尚"、"具和尚"误为两人

《张岱研究》"具和尚"条,作者有一则附记:"张岱另有一族弟张礼,后亦出家,称'具德和尚',与张岱亦有交往。刻本《琅嬛文集》混二者为一,非是。"(第200页)

其实"具和尚"就是"具德和尚",张岱《西湖梦寻》卷二《灵隐寺》条中时而称"具德和尚",时而称"具和尚"可作为明证。"具德弘礼",弘礼为其法名,具德为其号,人可尊称为"具德和尚",又可尊为"具和尚"、"具公"(吴伟业《吴诗集览》卷十一上《过甫里谒原公因遇云门具和尚》,诗中原注"具公越人")、"具老和尚"(沈鍙彪《续修云林寺志》卷四释正嵒《奉灵隐具老和尚》)、"具师"(《吴诗集览》卷十一上《代具师答赠》),或以其常住寺庙称其为"灵隐弘礼",省称为"具德礼"、"灵隐礼"等,这些都是同一个僧人的别称。

笔者忖度作者之误,可能在误考张有誉为"具德和尚"后,发现其有关事迹与张岱《琅嬛文集》记载存在重重矛盾,故认为有张岱有两个出家的族弟,一个叫"具德和尚",另一个叫"具和尚",并断定"刻本《琅嬛文集》混二者为一,非是",此结论显然过于武断。

书 苑 撷 英

《马未都说收藏》（精装典藏本）

全三册，马未都著，中华书局 2014 年 8 月出版，定价 588 元。

　　本书一套三本（包括家具篇、陶瓷篇、珍玩篇），系著名收藏家马未都对中国古典家具、陶瓷、玉器和其他文物及其背后历史文化知识的讲述。全书包罗广泛，从古典家具到陶瓷，从玉器到杂项，为读者清晰地展示出一个精彩纷呈的收藏世界。既有从历史到沿革，从用材到辨伪，乃至其他分门别类的介绍，俱属于宏观把握，又有对一件件文物的微观阐释；以收藏谈文化，通过文化还原文物，借文物考证历史，以及解释文明的成因。内容虽十分庞大，但读起来却十分轻松，源于书中以大量生动实例作为佐证，一方面是文史掌故，引经据典；另一方面是作者自己寻访文物时亲身经历的种种故事，或成功，或失败，或欣喜，或懊悔，或跌宕曲折，或波澜不惊……但共同点都是颇为可读，读者可于不经意间领略到中国传统文化的独特魅力。本书的另一特点是，谈文物本身并无完整体系可作参考，全靠作者自己串并联系，洋洋洒洒，经天纬地，谈古论今，出入自如，足见作者的功力和水平之一斑。

　　此次中华书局出版精装典藏本，"新瓶旧酒，越发醇厚"——内容上新增加了家具用材的产地、制作年代、做工、辨识，以及家具纹饰等方面的细致讲解；更换和新增了数百幅精美图片，且重新排版设计，装帧技艺更为考究，视觉效果更为唯美；随书附赠一套（共十张）木纹卡，便于读者直观对比；每册的扉页上还有一张特别定制的藏书票（共三张）……凡此种种，可谓锦上添花，相得益彰。

（清平客）